A mudança sempre
é possível, se formos
verdadeiros em nossas
ações e intenções.

© 2017 por Meire Campezzi Marques
© djile / Fotolia

Coordenadora editorial: Tânia Lins
Coordenador de comunicação: Marcio Lipari
Capa e projeto gráfico: Jaqueline Kir
Diagramação: Rafael Rojas
Preparação: Janaina Calaça
Revisão: Equipe Vida & Consciência

1ª edição — 1ª impressão
5.000 exemplares — março 2017
Tiragem total: 5.000 exemplares

**CIP-BRASIL — CATALOGAÇÃO NA PUBLICAÇÃO
(SINDICATO NACIONAL DOS EDITORES DE LIVROS, RJ)**

T38c

    Thomas (Espírito)
        Cada um é o que é / ditado por Thomas ; [psicografado por] Meire Campezzi Marques - 1. ed. - São Paulo : Vida & Consciência, 2017.
        304 p. ; 23 cm

    ISBN 978-85-7722-520-0

    1. Romance espírita I. Marques, Meire Campezzi. II. Título.

16-38295   CDD: 133.9
                               CDU: 133.9

Todos os direitos reservados. Nenhuma parte desta edição pode ser utilizada ou reproduzida, por qualquer forma ou meio, seja ele mecânico ou eletrônico, fotocópia, gravação etc., tampouco apropriada ou estocada em sistema de banco de dados, sem a expressa autorização da editora (Lei nº 5.988, de 14/12/1973).

Este livro adota as regras do novo acordo ortográfico (2009).

Vida & Consciência Editora e Distribuidora Ltda.
Rua Agostinho Gomes, 2.312 — São Paulo — SP — Brasil
CEP 04206-001
editora@vidaeconsciencia.com.br
www.vidaeconsciencia.com.br

Cada um é o que é

MEIRE CAMPEZZI MARQUES

Romance inspirado pelo espírito Thomas

Capítulo 1

Paula olhava as velhas fotografias de seu álbum de casamento. Ainda sentia alegria, como se naquele momento o tempo retornasse sete anos. Humberto fora seu primeiro e único amor. Não se recordava de quando seu interesse por ele começara. Talvez na infância, em algum momento em que, quando suas mães os levavam, brincavam na pracinha ou no *playground*, em uma pequena cidade litorânea no estado do Espírito Santo.

Paula mexia em seu baú, e lá estava Humberto aparecendo em suas fotos na escola, na primeira comunhão na igreja, no parquinho da pracinha, na praia.

Sonhara tanto com esse dia feliz de casamento, mas, depois de sete anos, o que restara daquele menino sorridente e confiante que ela observava na fotografia?

Com o passar do tempo, Humberto se transformara em um homem rude, violento e sarcástico. Não restara nele nada do menino que corria para o mar para pegar suas ondas, sonhando em ser campeão de surfe. Ele era um bom mecânico, um dos mais procurados na pequena cidade. Na verdade, olhando para as imagens que se destacavam no papel, Paula procurava também por ela mesma e se perguntava: "O que restou da Paula que tanto sonhou e não realizou nenhum dos seus sonhos de infância e adolescência?!".

Ela sentia necessidade de mudar tudo. Não sabia mais do que gostava, quais sabores a agradavam mais e que roupas preferia usar, sem ser recriminada por Humberto. Quantas vezes desejara mudar o canal da TV para assistir a um filme no horário da novela e não conseguira fazê-lo? Afinal, todos assistiam às novelas, e ela não poderia ser diferente. O diferente chamava a atenção do povo, e ela não suportava mais ser alvo de tantos comentários das pessoas da cidade.

Humberto a colocara em uma situação vergonhosa. Toda as semanas, Paula ouvia os comentários maldosos sobre as traições dele, afinal a oficina mecânica ficava em frente à lanchonete onde sua mãe trabalhava como garçonete. A pequena cidade era turística, e muitos entravam e saíam do hotel ao lado da oficina mecânica. E, quando as moças passavam de biquíni seguindo em direção à praia, Humberto não perdia tempo. Lá, ele passava horas conversando com elas.

Humberto era um homem de boa aparência. Tinha vinte e nove anos, era moreno, alto, e seu sorriso deixava seu rosto ainda mais belo. Ele distribuía charme para as turistas, que muitas vezes se entregavam a ele na oficina, palco de suas traições.

Toda a cidade sabia o que acontecia quando o mecânico entrava na sala localizada no fundo da oficina. Ele nunca estava sozinho. Mas as explicações de seu marido eram convincentes, e ela preferia acreditar nele a acreditar no povo, que maldava qualquer ato de seu amado Humberto.

O preço que Paula pagara por fechar os olhos fora muito caro: ela se tornara a chacota da cidade. Quando falavam em traição, seu nome era sempre citado nas rodinhas dos bares, na praia e nas conversas das donas de casa nos portões.

Paula se tornara uma mulher apagada. Sua luz já não brilhava como um dia brilhara na adolescência, época em que ela se sentia livre. Seu brilho durou até o início do namoro com Humberto. A moça casara-se cedo. Tinha dezenove anos, quando desejaram viver juntos, mas a mãe e o pai de Paula não permitiram que ela saísse de casa sem estar casada no civil e no religioso. Aconteceram, então, uma cerimônia e uma festa singelas voltadas somente para os familiares do casal. Estava tudo registrado naquelas fotos que mostravam rostos sorridentes e felizes.

Ela jogou as velhas fotografias de volta ao baú e o fechou desejando que o passado voltasse e que aquele que abrisse a porta de entrada fosse o mesmo que trazia um sorriso lindo nas fotos. Paula, no entanto, sabia que Humberto entraria em casa com o rosto sisudo e que ela reiniciaria seu drama diário de tentar agradá-lo com o jantar e a limpeza da casa.

Mas, por mais carinho e dedicação que ela lhe desse, nada estava bom para o gosto refinado e exótico de Humberto.

Paula olhou para o relógio pendurado na parede da sala. Era tarde da noite, e Humberto ainda não chegara. Sabia que ele retornaria à casa completamente embriagado e que sobrariam socos e pontapés para ela, que ainda se recuperava da última surra que levara.

A cada ruído na rua, Paula se assustava. Queria fugir, mas fugir para onde? Quem sabe desta vez seus pais não a recebessem e a abrigassem por uma noite? Ela acabou falando alto:

— Eles não me receberiam. E, se o fizessem, o maldito me encontraria e naturalmente disfarçaria, mostrando que é um marido exemplar e carinhoso! Eu teria que voltar para casa e apanharia da mesma forma. Que vida miserável eu vivo, meu Deus! Eu preciso de ajuda...

Paula desligou a TV, apagou as luzes da casa e deitou em sua cama. Às vezes, agradecia a Deus por não ter filhos, pois não suportaria vê-los sofrer nas mãos de um bárbaro alcoólatra.

Passava das três horas da madrugada, quando Humberto entrou em casa, dando início ao triste drama de Paula. Ele estava muito embriagado, e Paula sentia que aquele não era Humberto. Havia algo a mais estampado em seu rosto. Um sarcasmo estranho, um brilho nos olhos enquanto ele usava de violência com ela.

Nessa madrugada, os vizinhos chamaram a polícia, e Humberto foi levado para a delegacia. Paula, no entanto, tinha tanto medo do marido que não ousava denunciá-lo. Temia pela vida de sua família, principalmente de seu irmão Igor. Humberto sempre o ameaçava, deixando Paula em pânico e fazendo-a calar-se.

Nesse dia, como sempre, Paula não teve coragem de prestar queixa por espancamento, e a polícia acabou liberando Humberto.

No dia seguinte ao espancamento, Humberto sempre se desculpava, mas também a ameaçava. Ele dizia que se ela contasse o que acontecia para seus familiares, Igor seria o grande alvo de sua fúria.

Amanhecia, quando Humberto retornou à casa furioso e ameaçou Paula.

— Ama seu irmãozinho? Aquele maricas anda me envergonhando pela cidade! O jeito afeminado dele me enoja! Diga a Igor para virar homem, ou darei um jeito naquele moleque. É só um aviso...

Paula se encolhia no canto da cama, escondendo o rosto ferido com as mãos. Seus olhos pareciam dois riscos, roxos com grandes hematomas, e as lágrimas faziam seu rosto inchado doer ainda mais.

Humberto continuou falando aos gritos próximo do rosto dela e acabou confessando:

— Ontem, só não matei seu irmão porque me seguraram! Não vou admitir ter um cunhado gay! Prefiro matá-lo! Diga a ele para ficar longe, para sair da cidade, senão vou matá-lo! Eu sabia que sua família não prestava! A vagabunda da sua mãe vive na lanchonete dando desculpa de que trabalha lá e não vê que o filho virou um gay depravado! Seu pai só pensa em trabalhar e não olha a boneca que tem em casa! Isso tem de acabar! Ele não me envergonhará mais. Você e ele deveriam morrer, pois não servem para nada neste mundo! São dois inúteis.

9

Paula estava desesperada e seus soluços deixavam Humberto ainda mais irritado.

— Se não parar com essa choradeira, vou lhe dar motivos para chorar de verdade. Estou com fome! Prepare meu café da manhã agora.

Ela se levantou, mas suas pernas tremiam tanto que lhe era difícil ficar em pé. Nesse instante, Humberto a agrediu violentamente na cabeça, lançando em Paula um vidro de perfume que estava sobre a cômoda. O sangue escorreu, e ela caiu no chão desacordada.

Bateram na porta, e Humberto foi obrigado a abrir. Marta, uma policial, entrou na casa empurrando Humberto, que protestou:

— Você não tem o direito de entrar em minha casa! Não tem permissão por escrito.

A policial era uma velha amiga de Paula do tempo do colégio e sabia que ela era vítima da violência do marido. Marta não se deteve na sala da casa. Por ter sensibilidade mediúnica forte, sentiu que sua amiga precisava de ajuda, o que a fez vasculhar os cômodos e encontrar, por fim, Paula caída no quarto. A policial chamou uma ambulância, e Humberto foi detido novamente.

No hospital, os pais de Paula acompanhavam o filho que fora espancado. Eles achavam que o filho fora agredido por muitos homens e nem desconfiavam que Humberto fora o único agressor e que, por muito pouco, não matara Igor e Paula.

Quando Paula chegou ao hospital na ambulância e passou sendo carregada no corredor do pronto-socorro, Helena e Inácio se assustaram ao reconhecer a filha pelos cabelos loiros e pela roupa que ela vestia.

Seu rosto estava irreconhecível, devido às pancadas que ela levara de Humberto.

Helena seguiu a maca, mesmo sob o protesto das atendentes do pronto-socorro.

— Me deixe! É minha filha quem está naquela maca! Onde está meu genro? Eles sofreram algum acidente de carro? O que aconteceu com Paula?

— Acalme-se, dona Helena! Não se lembra de mim?

— Não, não conheço nenhum policial na cidade. Você me conhece?

— Sou eu, dona Helena. Marta, amiga de Paula do colegial.

— Marta! Eu me lembrei agora. Você esteve em minha casa algumas vezes. Diga-me o que aconteceu com minha filha. Onde está Humberto?

— Ele está preso, pois por pouco não matou Paula. Humberto a espancou violentamente e, se eu não tivesse chegado, ele teria matado sua filha.

— Não acredito no que você está dizendo! Humberto é um ótimo marido para Paula! Ela nunca se queixou dele. Os dois vivem muito bem e em harmonia.

— Sinto muito por ser eu a responsável por lhes trazer essa notícia trágica... Estou acostumada com a recusa dos parentes quando falamos dos agressores, pois geralmente ele passam por bons moços na família das vítimas.

— Você está enganada! Humberto não faria isso com minha Paula! Sei que ele tem seus defeitos! É mulherengo, bebe demais, mas não é violento.

Inácio se aproximou das duas mulheres que conversavam no corredor do pronto-socorro, próximas à

11

porta da sala onde Paula era atendida por uma equipe médica, e perguntou:

— O que está acontecendo aqui? Quem era a moça que você confundiu com Paula? O médico quer falar conosco a respeito de Igor.

— Podem ir. Eu ficarei aqui com Paula. Desta vez, ela precisa prestar queixa da agressão que sofreu.

— Aquela moça coberta de hematomas e de sangue é minha filha Paula?!

— Ela me disse que Humberto espancou Paula.

— Deve estar enganada, policial. Meu genro é um homem tranquilo e jamais agrediria minha filha. Paula é desastrada, atrapalhada, vive se ferindo, tropeça no tapete do banheiro, cai na cozinha e na rua. Aquela moça não pode ser Paula! Tenho certeza de que minha filha está em casa, cuidando do lar como qualquer dona de casa.

— Senhor Inácio, eu trouxe Paula para o pronto-socorro, quando fomos prender o agressor de seu filho Igor. Humberto tem muito a explicar para a polícia. Eu ficarei com Paula. Conversem com o médico que atendeu Igor, e depois nos falamos.

Inácio e Helena se afastaram de Marta e entraram na sala do médico, que já os esperava impaciente.

— O que tenho a lhes dizer é rápido. Igor sofreu algumas escoriações no tronco, nos braços e nas pernas. Escoriações que não apresentam gravidade alguma. Em pouco tempo, ele estará curado de seus ferimentos... No entanto, o que me deixou preocupado foi o ferimento na cabeça. O rapaz levou uma forte pancada, que causou um traumatismo craniano grave, e por isso está na UTI recebendo os cuidados

Seu rosto estava irreconhecível, devido às pancadas que ela levara de Humberto.

Helena seguiu a maca, mesmo sob o protesto das atendentes do pronto-socorro.

— Me deixe! É minha filha quem está naquela maca! Onde está meu genro? Eles sofreram algum acidente de carro? O que aconteceu com Paula?

— Acalme-se, dona Helena! Não se lembra de mim?

— Não, não conheço nenhum policial na cidade. Você me conhece?

— Sou eu, dona Helena. Marta, amiga de Paula do colegial.

— Marta! Eu me lembrei agora. Você esteve em minha casa algumas vezes. Diga-me o que aconteceu com minha filha. Onde está Humberto?

— Ele está preso, pois por pouco não matou Paula. Humberto a espancou violentamente e, se eu não tivesse chegado, ele teria matado sua filha.

— Não acredito no que você está dizendo! Humberto é um ótimo marido para Paula! Ela nunca se queixou dele. Os dois vivem muito bem e em harmonia.

— Sinto muito por ser eu a responsável por lhes trazer essa notícia trágica... Estou acostumada com a recusa dos parentes quando falamos dos agressores, pois geralmente ele passam por bons moços na família das vítimas.

— Você está enganada! Humberto não faria isso com minha Paula! Sei que ele tem seus defeitos! É mulherengo, bebe demais, mas não é violento.

Inácio se aproximou das duas mulheres que conversavam no corredor do pronto-socorro, próximas à porta da sala onde Paula era atendida por uma equipe médica, e perguntou:

— O que está acontecendo aqui? Quem era a moça que você confundiu com Paula? O médico quer falar conosco a respeito de Igor.

— Podem ir. Eu ficarei aqui com Paula. Desta vez, ela precisa prestar queixa da agressão que sofreu.

— Aquela moça coberta de hematomas e de sangue é minha filha Paula?!

— Ela me disse que Humberto espancou Paula.

— Deve estar enganada, policial. Meu genro é um homem tranquilo e jamais agrediria minha filha. Paula é desastrada, atrapalhada, vive se ferindo, tropeça no tapete do banheiro, cai na cozinha e na rua. Aquela moça não pode ser Paula! Tenho certeza de que minha filha está em casa, cuidando do lar como qualquer dona de casa.

— Senhor Inácio, eu trouxe Paula para o pronto-socorro, quando fomos prender o agressor de seu filho Igor. Humberto tem muito a explicar para a polícia. Eu ficarei com Paula. Conversem com o médico que atendeu Igor, e depois nos falamos.

Inácio e Helena se afastaram de Marta e entraram na sala do médico, que já os esperava impaciente.

— O que tenho a lhes dizer é rápido. Igor sofreu algumas escoriações no tronco, nos braços e nas pernas. Escoriações que não apresentam gravidade alguma. Em pouco tempo, ele estará curado de seus ferimentos... No entanto, o que me deixou preocupado foi o ferimento na cabeça. O rapaz levou uma forte pancada, que causou um traumatismo craniano grave, e por isso está na UTI recebendo os cuidados necessários. Ele está sedado, e esperamos que o inchaço diminua e não traga lesões mais graves. Infelizmente, só poderemos avaliar o estado de Igor, quando ele despertar.

— Doutor, meu filho pode morrer?

— Dona Helena, eu espero que ele se recupere. Se a senhora tem fé, está na hora de recorrer a ela. Estou fazendo o que está ao meu alcance na medicina. Nesta profissão, assisti a casos de cura sem explicação na ciência — o médico apontou para cima com um dos dedos e disse: — Ele pode tudo, dona Helena. Peça a Ele, e vamos contar com um recurso maravilhoso.

— Tenho fé, doutor, que Deus nos ajudará! Meu filho ficará bem, quando acordar.

— Quero saber quem fez essa covardia com meu filho, doutor. Ele é um menino atencioso, carinhoso. Quem agrediu meu filho? Por que essa maldade?

— A polícia chamará os dois para prestar-lhes esclarecimentos. Essa parte não me cabe, senhor Inácio. Agora, tenho de voltar ao trabalho. Recomendo que voltem para casa e descansem, pois não sabemos quanto tempo teremos de esperar até que o inchaço diminua.

Inácio e Helena deixaram a sala do médico e encontraram Marta no mesmo lugar, como se ela estivesse tentando proteger a amiga de alguma forma. Marta era policial havia cinco anos e não suportava a violência contra mulher. Quando a policial viu Paula naquele estado de dor, sofrimento e fragilidade, isso despertara nela o instinto de proteção, fazendo-a parecer uma leoa protegendo a cria.

13

Paula era frágil e muitas vezes apagava sua luz pela timidez e pela pouca expressividade nas decisões. Para Marta, sempre parecia que a amiga temia algo e que por isso ela se resguardava no silêncio, impedindo que seu belo sorriso emergisse dos lábios.

Helena limpava o rosto banhado de lágrimas, e Inácio fazia o mesmo, tentando disfarçar a emoção devido à educação que recebera. O pai o ensinara que um homem não poderia mostrar fraqueza e expor as emoções em público. Inácio jamais notara algum sentimento expresso pelo velho José Abrantes, pois ele sempre se mantinha com o semblante fechado. Não demonstrara nada nem mesmo quando Marcília, sua esposa, desencarnou, deixando-o sozinho na pequena casinha à beira-mar em uma vila de pescadores. José pescou até seus braços não conseguirem mais puxar a rede e, quando se aposentou, desencarnou rapidamente devido a um resfriado que se complicara. Todas as vezes que Inácio sentia fortes emoções e se desequilibrava, ele recordava-se dos ensinamentos do velho pescador José Abrantes.

Inácio respirou fundo, segurou a vontade de chorar e perguntou a Marta:

— Tem certeza de que a moça que você socorreu é minha Paula?

— Infelizmente, é, seu Inácio. Somos amigas desde o colégio e, nos últimos cinco anos, Paula ficou mais distante. Não conversamos mais pela internet como fazíamos diariamente. Imaginei que ela estava me evitando por eu ser solteira, mas hoje sei que minha amiga estava sofrendo nas mãos desse crápula covarde.

— Tem certeza de que meu genro agrediu Paula?

— Sim. Eu estava de plantão na delegacia da cidade ontem à noite, e os vizinhos ligaram denunciando a agressão de um marido violento. Como Paula não apareceu para prestar queixa, tivemos de liberar Humberto. Ele voltou a espancá-la pela manhã, mas dessa vez estávamos lá. Nós tínhamos ido até a casa para prendê-lo pela agressão a Igor, que aconteceu na praia ao lado do hotel. O gerente e os funcionários socorreram seu filho e nos mostraram o agressor nas imagens extraídas da câmera de segurança.

Helena estava indignada com o que Marta contava e questionou:

— O que será que aconteceu para Humberto fazer isso com Paula? O que essa menina fez de errado para fazê-lo perder a cabeça dessa forma?

— A senhora culpa Paula por ser agredida?

— É natural! A mulher tem que ser cordata para manter um casamento equilibrado. Paula aprontou alguma coisa grave para ele agir dessa forma.

— Desculpe-me, dona Helena, mas seu raciocínio está equivocado. A violência contra a mulher é uma covardia repugnante. Nenhuma mulher é culpada pela agressão que sofre! Muitas vezes, as mulheres se tornam reféns desses agressores biltres.

— Você defenderá sua amiga, mas depois preciso ter uma longa conversa com Paula.

— A senhora culpa sua filha por estar irreconhecível naquele leito de hospital?! A senhora realmente precisa despertar para a realidade.

— Não fale assim! Eu estou verdadeiramente preocupada com meu Igor, que está em coma induzido. E agora essa menina me aparece nesse estado para completar meu dia.

Nesse momento, um dos médicos que estava atendendo Paula deixou a sala de emergência e falou a Marta:

— Por pouco, ele não matou a esposa. Paula sempre aparecia por aqui dizendo que tinha caído, batido o rosto na porta etc., mas desta vez ele quase a matou.

— Como ela está, doutor?

— O ferimento na cabeça não foi tão profundo, então não causou danos ao cérebro.

— Doutor, essa moça é Paula Abrantes Souza?

— Sim, é ela. Agora, tenho de voltar para atender a outras emergências. Paula será transferida para a Santa Casa, que fica no prédio anexo.

— E quando ela terá alta?

— Quando conseguir se alimentar sem a necessidade de sonda e do respiradouro. Com o inchaço, as vias áreas se fecharam.

— Doutor, esses são os pais de Paula — disse Marta, notando que o médico não responderia a mais nenhuma pergunta para pessoas desconhecidas da vítima.

— Vocês são os pais do rapaz que está na UTI?

— Sim, Igor está em coma induzido.

— Percebi pelo sobrenome Abrantes. Bem, o rapaz também sofreu um grave ataque de um machão covarde. Eu sempre aconselho jovens como ele a aprenderem defesa pessoal. Nesses casos, é preciso saber se defender dos homofóbicos.

— Não compreendo o que está dizendo! Ensinei meus filhos a serem pacíficos. Violência não resolve nada.

— Às vezes, mostrar que sabe se defender inibe o agressor. Se Paula tivesse reagido na primeira violência que sofreu, o agressor não voltaria a espancá-la tantas vezes. Vocês como pais não notaram que sua filha sofria violência doméstica?

Inácio respondeu:

— Todas as semanas, ela nos visitava com uma parte do corpo com marcas roxas. Sempre aparecia com um olho inchado, os lábios cortados, cortes na cabeça, mas nunca demonstrou que esses ferimentos eram causadas por Humberto. Paula é distraída e cai com frequência. Eu acreditei nas desculpas que ela dava. Conheço Humberto desde criança, e ele nunca me pareceu violento. Fui um cego!

— Humberto não era violento, mas, quando se tornou alcoólatra, tudo mudou.

— Aposto que foi Paula quem levou Humberto a beber dessa forma. Essa menina não tem juízo! Deve ter deixado o casamento esfriar e se tornar uma rotina enfadonha, o que pode ter levado meu genro à bebida e a se tornar um alcoólatra.

— Não vamos julgar os envolvidos, pois não temos como avaliar o que se passava na intimidade do casal. Pelo que percebi, a senhora tem uma educação rígida quanto aos deveres femininos — disse Marta, ainda mais irritada com Helena.

Aquela noite seria a folga de Marta, e ela decidira passar algum tempo ao lado de Paula. A policial sentia que sua amiga precisava de sua presença e de palavras de apoio que levantassem seu ânimo. Ela temia que Paula desistisse da vida e buscasse o suicídio. Conhecia a fragilidade da amiga e sua tendência à depressão. Calculava que Paula já estava deprimida havia alguns anos, pois ouvira dos vizinhos de Paula que ela pouco saía de casa. Apenas visitava os pais uma vez por semana ou saía para fazer compras no mercado.

Marta ficou ao lado de Paula até ela ser transferida para a Santa Casa e planejava voltar mais tarde para visitar a amiga. Depois, retornou à delegacia.

Chegando lá, Marta entrou na sala em que Humberto prestava depoimento sobre o espancamento de Igor. Ao ouvir as explicações do marido da amiga para o ato que cometera, a policial ficou perplexa. Humberto afirmava que o cunhado Igor se tornara um maricas e que batera nele para fazê-lo virar homem novamente. Ele vociferava que não admitiria um homossexual em sua família.

Marta conhecia Igor desde o seu nascimento e percebera que ele era uma criança muito delicada. Ela esteve presente durante todo o crescimento de Igor crescia, mas, com a incorporação à polícia militar e a distância de Paula, perdera o contato com o rapaz e com toda a sua família. Quando Marta encontrava Igor pela cidade, notava que ele estava sempre rodeado de rapazes. Sabia que ele era discreto ao extremo quanto à sua orientação sexual e ainda tinha dúvidas quanto ao que notara durante a infância do rapaz.

Indignada com a forma como Humberto se reportava aos investigadores, Marta deixou a sala para não perder o resto de paciência que tinha naquele momento. Ela retornou para sua casa à beira-mar, pois, assim como Inácio, também era filha de pescadores. Com o trabalho duro no mar, conseguiram reformar a pequena tapera onde viviam, transformando-a em uma casa confortável para toda a família.

Ao contrário de Paula, Marta não se casara. Estava com vinte e sete anos de idade e não tinha a menor intenção de se casar. Não queria perder sua liberdade, pois sempre foi senhora de suas escolhas. Pretendentes não lhe faltavam, mas ela optava por namorar e aproveitar a vida de solteira.

Marta estava na varanda de seu quarto olhando o pôr do sol, quando sentiu a presença de um amigo espiritual ao seu lado. A policial arrepiou-se, sinal de uma comunicação mediúnica. João Pedro sussurrava em sua mente:

— Não fique triste com o fato de seus amigos estarem lidando com essas provas. Lembre-se de que tudo é aprendizado, minha querida.

— Às vezes, o fardo parece ser muito pesado.

— Poderia ser mais leve se quem o recebesse se prontificasse imediatamente a mudar de comportamento. Existem vícios que estão enraizados no inconsciente, e é preciso que a vida apresente fortes desafios para que a pessoa possa despertar e abandonar esses vícios de uma vez por todas.

— Se refere às atitudes de Paula? Ela sempre foi frágil e insegura, sem falar que sempre foi tímida. João Pedro, como posso ajudar minha amiga?

— Ela precisa encontrar força em si mesma. A vida está convidando sua amiga a reagir usando sua força. E saiba que, enquanto não houver um sinal de reação, ela não sairá dessa situação de vítima. Paula se colocou nessa posição. Escolheu ser submissa a outras pessoas. Você pode ajudá-la despertando em sua amiga a força para seguir um caminho novo.

— É o que pretendo fazer. Você pode me ajudar?

— Sempre a ajudarei, quando a missão for para o bem. Conte comigo, afinal, sou seu mentor!

Marta se despediu de João Pedro, entrou no quarto, tomou um banho, desceu para jantar e retornou à Santa Casa. Queria ficar ao lado de Paula, antes que a mãe jogasse sobre ela toda a culpa pelo que acontecera.

Capítulo 2

Quando chegou à enfermaria onde Paula estava internada, já era tarde demais. Helena apontava o dedo em riste próximo ao rosto da filha.

Paula não conseguia chorar devido à dor provocada pelos ferimentos nos olhos e no rosto. Helena, no entanto, parecia que a qualquer momento a agrediria fisicamente. Com uma das mãos, ela apontava o dedo, e com a outra ela dava socos no colchão próximo ao corpo de Paula. Uma enfermeira, que entrara no quarto para dar o medicamento a outras pacientes, viu o que estava acontecendo e retirou Helena do local. Já no corredor, a enfermeira questionou:

— O que a senhora pensa que está fazendo com a paciente?

— Ela precisava ouvir algumas verdades!

— A senhora a estava perturbando! Não basta de tortura para essa moça? Francamente, está na hora de a senhora retornar ao seu lar. Essa moça precisa de descanso, e não de uma inquisidora.

— Tem razão. Não sei o que Paula faz para que todos à sua volta percam a paciência com ela! Voltarei amanhã pela manhã. Me desculpe. Não sou uma pessoa desequilibrada, mas, francamente, Paula me tira do sério.

Quando Helena saiu, Marta, que estava de costas e debruçada no balcão da enfermagem, pediu à enfermeira para visitar sua amiga. A enfermeira conhecia a policial e permitiu sua entrada.

Marta sentou-se na cadeira ao lado de Paula, sem dizer nada. A moça sentiu a presença da amiga, tentou olhar em direção à cadeira, mas apenas viu imagens distorcidas, como se uma neblina densa a impedisse de ver com nitidez. Ela perguntou:

— Quem está aí?

— Sou eu, Marta, sua amiga. Lembra-se de mim?

— Olá, Martinha. O que faz aqui?

— Estou visitando uma amiga que está hospitalizada.

— Não sou boa companhia hoje. Caí e bati a cabeça enquanto tomava banho.

— Pare, Paulinha!

— Estou dizendo a verdade. Sou muito desastrada.

— Não precisa mentir, Paulinha. Eu estive em sua casa a serviço. Recorda-se da profissão que escolhi?

— Você é policial. Estou envergonhada! Queria desaparecer desta vida! Como sou infeliz, Martinha.

— Ei! Estou aqui para ajudá-la a se recuperar e dar um caminho novo para sua vida. Não pense em bobagens, minha querida. Você não está sozinha.

— Obrigada, mas realmente não tenho vontade de viver. Por que a vida só me trouxe desilusões?

— Foi você quem esperou demais dela e nada fez para conquistar o que realmente desejava. A vida nos dá aquilo que fazemos por merecer. foi você quem criou a ilusão. Não era algo verdadeiro, Paula. É como os castelos de areia... o mar sempre os derruba.

— Tem razão. Esperei demais de quem não tinha condições de cuidar nem de si, quanto mais de uma mulher tola como eu.

— Não devemos nos colocar nas mãos de ninguém. Temos o dever de nos pôr em primeiro lugar. Creia, minha querida, que você ainda pode se descobrir como ser humano.

— Me sinto tão pequena! Faltam-me forças para continuar, Marta.

— Não mine sua força dessa forma. Você é uma mulher adulta, forte e inteligente, Paula! Refaça sua vida.

— Como?! Não sei fazer nada! Sou uma dona de casa inútil e submissa a um homem que mais parece ser meu carrasco do que meu marido.

— Se desejar, você não será mais a esposa de Humberto.

— E para onde irei? Não serei aceita na casa de meus pais. Vagarei pelas ruas da cidade pedindo um prato de comida?

— Não seja tão dramática, Paula! Acredito que Humberto passará um bom tempo na cadeia.

— Como ficará preso, se não o denunciei?

— Seu marido não será preso por esse crime. Ele cometeu outro crime.

— O que ele fez?

— Não deveria lhe contar, mas creio que, se não o fizer, sua mãe o fará amanhã. Ela não lhe contou, pois ainda não tem certeza de que foi Humberto quem.... Bem, seu irmão foi a mais nova vítima do machão Humberto.

— Meu Deus! Eu sabia. Antes de me apagar, ele me contou, mas disse que não tinha matado meu irmão. Ele matou Igor?!

— Não, mas o deixou em coma. Seu irmão está na UTI deste hospital. Não se preocupe. Ele ficará bem.

— Mas o que aconteceu?

— Igor estava em um barzinho na praia com os amigos, e Humberto também estava naquele mesmo barzinho à beira-mar. Igor e mais dois amigos foram cantar no palco do bar, e aparentemente Igor mostrou sua alegria mais "afeminada". Humberto ficou furioso. Sabe como são os jovens na idade de Igor. Eles são alegres e muito extrovertidos, quando estão juntos.

— Pode ser mais direta, Marta. Eu sei que meu irmão é gay. Humberto, nos últimos tempos, passou a implicar com Igor. Ele chegou a ameaçar de morte meu irmão.

— Por pouco, ele não matou Igor e ainda foi para casa prometendo matá-lo?! Realmente, seu marido é um cretino! Para não usar o palavreado mais chulo que ele merece ser ofendido.

— Humberto está preso?

— Somente para averiguações. Ele nunca foi fichado na polícia e talvez por isso possa responder por essa agressão em liberdade. Você nunca o denunciou por maus tratos. É uma pena, pois agora ele poderia ficar mais tempo preso, e você teria um pouco de paz para começar a reorganizar sua vida.

— Tive medo de que ele cumprisse o que prometeu. Ele disse que acabaria com toda a minha família. E começou por Igor... Marta, ele matará meu pai e minha mãe. Estou apavorada!

Paula recomeçou a chorar, e Marta pôs a mão sobre a cabeça da amiga para fazer um carinho. Nesse instante, ela sentiu um choque energético. A energia negativa que Paula alimentava com sua tristeza, queixa e seu medo pegou como um visco denso o campo energético de Marta, que sentiu enjoo, dor de cabeça e a visão turva. Marta se apiedou de Paula. Ela retirou a mão imediatamente e mudou o sentimento que lhe invadira o peito. Mentalmente, ela dizia que Paula não era uma coitada, mas sim fraca, que se abandonara deixando minar suas forças.

Marta limpava a energia densa da amiga e tentava mudar a vibração negativa para positiva, repetindo uma frase que João Pedro lhe ensinara há muito tempo. A policial fez a amiga repetir a frase, sentindo que precisavam daquela limpeza urgente:

— Que toda a energia negativa se transforme em positiva, que toda a vibração negativa se transforme em positiva. Repita mais uma vez, Paula, pois isso a deixará melhor. Positive-se para anular o negativo de sua energia.

Paula repetiu a frase e começou a bocejar, o que lhe causou muita dor devido ao estado lastimável de seu rosto.

— Continue, querida. Sei que está doendo, mas depois você se sentirá melhor.

Mesmo sentindo dor, Paula continuou a repetir a frase até começar a sentir algo mais agradável no peito. De repente, um sentimento bom a invadiu.

— Está melhor?

— Isso é bruxaria, Martinha? Eu estou me sentindo mais confortável. Algo em meu peito me deixou mais leve. Eu estava sentindo uma pressão desagradável no peito, uma angústia forte. A tristeza deu espaço a um pouco de paz aqui dentro.

— Não é bruxaria; é limpeza energética! Nós somos energia, e ela precisa ser limpa. Os sentimentos que estão longe da felicidade devem ficar distantes de nosso campo energético. E quando a energia está muito negativa, a pessoa fica mais suscetível à tristeza, a doenças, e todo o bem que poderia surgir em sua vida é cortado.

— Posso praticar esse exercício, quando me sentir triste?

— Deve praticar sempre. Mas não o pratique como quem repete orações, é preciso sentir também. Se está buscando o positivo, tem que sentir com toda a sua força. Sentir como se você falasse de dentro do peito, com verdade, acreditando realmente nas palavras que pronuncia. Como se sente?

— Melhor. Acho que sua magia funcionou, pois não sinto tanta vontade de chorar. Sinto que tenho que tomar uma atitude drástica na minha vida. Depois que deixar este hospital, irei embora desta cidade. Quem sabe para o Rio de Janeiro ou para Minas Gerais.

— Se é o que pretende fazer, vou ajudá-la. Mas, se desejar ficar aqui e se separar do patife, também estarei ao seu lado.

— Obrigada, mas sinto que preciso de novos ares. Quero ficar um pouco sozinha e não ouvir comentários ao meu respeito que me desagradam. Nunca mais permitirei que um homem fira meu corpo. Nunca mais!

— É o primeiro passo. Você tem seu valor, Paulinha. Ainda é jovem e pode fazer o que desejar de sua vida. E ninguém tem o direito de feri-la. Vista em si uma energia melhor, sinta sua força e a coloque para fora. Enfrente, Paula.

— Eu realmente precisava desta força hoje. Nunca mais me colocarei nas mãos de ninguém. Aquele trapo de gente deixará de existir. Se todos podem buscar seu lugar ao sol, eu também posso.

— Querida, você tem todo o direto. Sei que sua criação foi rígida quanto aos deveres de uma mulher, mas creia que sua mãe está completamente defasada em relação à realidade de uma mulher moderna. Ela aprendeu muitas coisas no tempo em que a mulher se desvalorizava para receber do marido um pouco mais de atenção. Isso não existe mais. Não se conquista ninguém sendo uma *poodle* a ser adestrada. Um homem moderno quer uma mulher inteira, decidida, que saiba o que quer, como quer e onde quer. As cachorrinhas *poodles* ficam com os trogloditas.

Paula começou a rir da forma engraçada de Marta falar e levou sua mão ao rosto. Ela sentia dor, mas não conseguia parar de rir. O mesmo aconteceu com as outras duas pacientes que ocupavam a mesma enfermaria. Todas estavam rindo, o que fez a enfermeira ver o que se passava no quarto.

— Esta enfermaria está animada! É bom ver minhas pacientes sorrindo. Sinal de que estão melhores.

A alegria é alimento para nosso espírito. Mas nossa amiga aqui precisa deixá-las, pois está na hora de vocês dormirem para recuperar a saúde.

— Tenho que ir, Paulinha. Descanse de verdade e não permita que sua mente lhe traga pensamentos desagradáveis. Paz na mente para ter uma boa noite de sono.

— Mas como controlar os pensamentos?

— É simples. Todas as vezes que eles chegarem e perturbarem sua mente, mande-os embora, dizendo: "Eu vou dormir e não quero pensar nisso agora". Aos poucos, sua mente a obedecerá e ficará em silêncio quando você ordenar. Tente e durma tranquila.

— Quanto a dormir, não se preocupe. Tenho aqui um comprimidinho maravilhoso que o doutor receitou para todas dormirem tranquilas — disse a enfermeira, que trazia uma bandeja com a medicação da noite.

— Não se acostume a dormir à base de remédios. Você conseguirá superar essa depressão. Acredite em sua força. Você pode mais, Paula.

Marta depositou um beijo na mão de Paula e deixou o quarto. Antes de voltar para casa, ela passou na UTI e deu uma olhada em Igor através do vidro que isolava o quarto.

A pedido de João Pedro, Marta emanou energia positiva para Igor por meio de suas mãos. Filamentos luminosos deixaram as mãos de Marta e atingiram a cabeça do rapaz. Nesse instante, ela se tornou um receptor de ondas energéticas positivas e as distribuiu na quantidade exata que é absorvida pelo corpo físico e pelo espírito, que descansava adormecido sobre o corpo físico.

Marta deixou o hospital sentindo-se bem. A policial já estava entrando no carro, quando um amigo a cumprimentou e a convidou para um *drink* à beira-mar. Ela aceitou o convite e aproveitou o resto da noite agradável conversando com Moacir, um ex-namorado que ela rejeitara quando ele a pediu em casamento. Moacir era um homem apaixonado por Marta, mas ela não queria compromisso sério com ninguém. Então, apenas saíam às vezes para conversar ou namorar um pouco.

Era tarde da noite, quando Marta entrou em sua casa. Estava cansada e foi direto para cama, encerrando, assim, seu dia.

Capítulo 3

O espírito de Marta foi levado para outra dimensão por João Pedro, quando seu corpo físico adormeceu profundamente. Ela se viu distante de seu quarto, caminhando na lama escura. O cheiro pútrido a enojava. Consciente, Marta sabia que estava no umbral a trabalho e que não estava sozinha. Um amigo a amparava para que ela não sofresse ataques de espíritos dementados, que vagavam perdidos nesse lugar de atmosfera densa e negativa. Ela, no entanto, não conseguia avistar o amigo porque João Pedro vibrava na sintonia de uma dimensão muito acima.

Em vários momentos, Marta participou dos resgates nesse campo denso. Era sua colaboração por tudo o que recebia de seu mentor João Pedro. Por sua energia ainda estar ligada a um corpo físico denso como o corpo humano, ela era necessária para os resgates de espíritos doentes. Marta era vista por eles e sua energia curava as feridas e chagas naquele lugar.

Marta caminhou por um beco lamacento com paredes cobertas de musgos, onde grandes vermes deslizavam nos buracos do longo corredor. A impressão da policial era que ela estava em um labirinto. Alguns espíritos em péssimo estado estavam caídos nos cantos, e outros passavam rápido por ela, empurrando-a nas paredes gosmentas. Eles gritavam desesperados e desapareciam rapidamente nos corredores infinitos. Marta fez uma curva para a direita e se deparou com o espírito de Igor. Ele estava tateando as paredes procurando uma saída, alheio ao que se passava à sua volta.

Marta perguntava-se: "O que Igor está fazendo ali?". Ela o avistara adormecido sobre seu corpo na UTI da Santa Casa. Nesse momento, ela escutou em sua mente a voz de seu mentor João Pedro:

— Nosso protegido recebeu a energia que você lançou sobre ele. O espírito de Igor reagiu afastando-se do corpo físico e pela perturbação foi sugado para este lugar de baixa vibração. Converse com ele e tente levá-lo para um lugar de vibração um pouco melhor, para que ele renove suas forças de vida. Igor está com medo de voltar e enfrentar a família.

Marta tocou no braço de Igor e disse calmamente:

— Eu o ajudarei a encontrar a saída deste labirinto. Venha comigo, querido.

— Que lugar é este? Foi ele quem me jogou aqui?

— Seu cunhado Humberto?

— Ele contará para meus pais, e não sei como eles reagirão quando souberem de minha orientação sexual! Tenho que desaparecer, pois estou com muito medo da reação de mamãe. Ela dirá que sou uma aberração. É o que minha mãe sempre diz quando vê um artista na TV que tem a mesma orientação sexual que eu.

— Acalme-se, Igor. Helena compreenderá com o tempo que ser gay não é ser uma aberração. Ensine a ela. Ajude-a para que ela possa perder o preconceito contra os gays. Ela o ama. Você é o filhinho dela.

— Minha cabeça dói muito. Tem um remédio para ajudar a melhorar essa dor?

— Tenho. Venha comigo. Eu o levarei a um lugar onde você receberá ajuda especializada.

Marta segurou a mão de Igor e com a outra envolveu a cintura do rapaz. Imediatamente, os dois foram transportados a uma colônia de socorro ainda na zona umbralina. Era uma colônia cercada por muros altos e fechada para o resto dos habitantes que circulavam pelas redondezas.

Quando os dois chegaram lá, os altos portões de madeira foram abertos, e Marta ficou impressionada com o tamanho dos cães que guardavam a entrada, que pareciam ter saído de um filme de terror. Os dois cães tinham dentes afiados e a estatura de animais jamais vistos na Terra. Em uma comparação rápida, Marta calculou que eles atingiam o comprimento de tigres siberianos, que são os maiores da espécie. As correntes que os prendiam eram feitas de elos maiores que as mãos de um adulto.

Nesse momento, dois enfermeiros trouxeram uma maca, e Igor foi colocado nela, sendo levado em seguida para dentro de um prédio de dois andares, repleto de salas equipadas com aparelhos que Marta desconhecia na Terra.

Um dos enfermeiros se aproximou de Marta e, ouvindo os pensamentos dela, esclareceu:

— Os aparelhos realmente não atendem à medicina na Terra. São distribuidores de energia positiva. Energia que cura o corpo espiritual das mazelas que permitem atingi-lo.

— Igor ficará bem?

— Sem dúvida, ele ficará, mas o equilíbrio dependerá da escolha que o rapaz fará. Nós cuidamos do espírito, e isso se reflete imediatamente no corpo físico na Terra. Se Igor tiver a crença na cura, ele sairá imediatamente do estado de coma.

— Não compreendo o que esta colônia de socorro faz aqui neste lugar escuro e de energia densa.

— É a primeira vez que você vem até nós e certamente desconhecia que no umbral, neste lugar escuro onde o sol não mostra sua face, pudesse haver socorro para os moradores. Venha comigo.

Marta acompanhou o enfermeiro por um corredor longo, e no final ele apontou para uma escada. Os dois subiram até a cobertura do prédio, e Marta ficou impressionada com a vista.

— É uma cidade nos morros barrentos?

— São moradias, mas repare que não é um lugar com planejamento arquitetônico. Este lugar agrada seus olhos?

— Não. São como barracos em uma favela. Não é bonito ver a pobreza.

— Compreende agora a necessidade de existir essa colônia de socorro no meio desta cidade?

— Sim, são muitos os habitantes que vivem nessa vibração mais negativa. Eles precisam de ajuda quando buscam a evolução.

— Nós somos a primeira porta de socorro para aqueles que atingem o nível de receber ajuda por mérito. O umbral tem vários níveis de vibração densa. Seu amigo recebeu socorro por interferência de seu mentor João Pedro. Se não fosse isso, não teríamos aberto os portões da colônia. Não deixamos qualquer um entrar. Aqui funciona um pronto-socorro, uma escola com moradias. Temos um teatro para receber amigos mais evoluídos, que fazem palestras elucidativas, visando mostrar aos moradores que existem lugares belíssimos em dimensões acima.

— O que acontecerá com Igor?

— Ele retornará para o corpo físico, assim que terminar o tratamento para restabelecer a parte do cérebro que foi afetada e que está causando dor no corpo espiritual. Por meio da interferência de João Pedro, restabelecemos no corpo físico a parte do cérebro que sofreu lesões graves. Se ele não tivesse intercedido e se nós não tivéssemos revertido o quadro, Igor, quando despertasse na Terra, teria parte da fala e o raciocínio completamente comprometidos devido à pancada que levou.

— Ele ficará bem?

— Sim. Agradeça seu mentor pela intervenção neste caso. Igor ainda tem muito a aprender nesta experiência terrena.

Marta sentiu a força de seu corpo físico a puxando para Terra e em milésimos de segundos retornou, despertando sem conseguir se mover ou falar. Ela se assustou. Queria gritar, mas estava paralisada. João Pedro veio ao seu socorro, falando em sua mente:

— Acalme-se. Relaxe, está tudo bem. Você ainda não se acostumou com esse retorno ao corpo. Na Terra, tudo é mais lento se a compararmos à dimensão onde você estava. Gostei da forma como manteve a consciência lúcida e o equilíbrio. Espero que tenha aprendido com nosso amigo na colônia de socorro.

— Saí sem me despedir. Que grosseria da minha parte.

— Não se preocupe. Ele está acostumado com essa "indelicadeza". Ele sabia que você estava em uma viagem astral a trabalho e que seu corpo físico a puxaria de volta a qualquer momento.

— Senti que estava caindo rápido!

— E estava. Você retornou ao corpo, querida. Teremos muitos trabalhos nesse segmento de resgate. É melhor se acostumar. Você está pronta, e o trabalho surgirá.

— Não quero voltar para aquele lugar horrível. O labirinto tem um cheiro de cadáver em decomposição.

— Não se impressione com os aromas que sentirá. Você tem compromissos com o trabalho espiritual. Estou apenas a fazendo recordar-se disso, como foi pedido por você antes de reencarnar na Terra. Sou seu amigo, Marta.

— Se não tivesse me comprometido com esse trabalho, você estaria aqui ao meu lado?

— Tenho muito trabalho, mas passaria para vê-la. É assim que os amigos agem deste lado. O afeto não termina quando mudamos de dimensão.

— Quer dizer que tem afeto por mim?

— É uma forma de falar. Apenas tolero você. Fui designado para trabalhar ao seu lado, mas, se pudesse escolher, não ficaria ao lado de uma policial com humor camaleônico.

— Não sou assim tão volátil! Tenho meu equilíbrio. Apenas mudo de humor, quando meus hormônios se agitam na tensão pré-menstrual.

— E esse estado dura trinta dias no mês e se repete no próximo — João Pedro sorria, e Marta, sentindo seu bom humor, entrou na brincadeira.

— Não! Dura apenas o tempo necessário até voltar tudo ao normal novamente. No entanto, fico muito irritada ao lidar com espíritos irritantes.

— Vamos manter a calma, policial Marta! Essa noite foi agitada para você. Da próxima vez, usarei um chicote para domar essa fera rabugenta disfarçada de mulher que é você. Por que em todo este planeta fui ser seu mentor?!

— Porque você fez por merecer esse castigo. Não sei nada sobre seu passado, meu amigo, mas algo grave deve ter ocorrido para você merecer isso.

— Fui um policial em minha última existência e realizei um trabalho exemplar, assim como você está realizando. O que gosto em você são seus princípios incorruptíveis. Mesmo exposta a tantas artimanhas utilizadas para corromper os membros da corporação, você se mantém firme.

— Não quero entrar nesse assunto desagradável. É triste saber que alguns são fracos e contaminam o cesto de maçãs.

— Falando em maçã, o sol nasceu, e eu tenho maçãs para colher. Descanse um pouco mais. Vou retornar ao trabalho.

— Vai colher maçãs?

— Apenas as que apodreceram. Eu tenho esse serviço desagradável para realizar. Recolho as maçãs podres e as levo para o labirinto, para refletir sobre o que as levou à podridão.

— Quer dizer que você as coloca no labirinto, e eu tenho de ir até lá retirá-las!

— Você retira apenas as que estão no ponto, após refletirem. Retira aquelas que expeliram grande parte da podridão, espargindo a energia que criaram nas paredes do labirinto.

— Por essa razão, eu senti algo muito desagradável, quando toquei nas paredes gosmentas daquele lugar. É horrível estar ali.

— Sei que é desagradável, Martinha, mas o trabalho nos chama, e precisamos estar prontos.

— Por que o espírito de Igor foi parar ali?

— Ele estava vibrando no medo, no negativo extremo, por alimentar a raiva de Humberto e o pânico de que seus pais descubram que ele é gay. Nosso amigo estava muito desequilibrado. E a vibração de Igor, mesmo após receber a carga positiva que você lançou sobre ele, continuou negativa. Assim, quando não está bem, é para lugares como aquele que um espírito pode ser sugado quando adormece. Então, ele tem pesadelos e desperta sem a energia boa para ter um dia agradável. Para o espírito, é sempre melhor escolher ficar bem e vibrar no positivo, pois assim é levado para um lugar onde pode recarregar sua energia positivamente, fazendo-o ter um dia proveitoso após despertar.

— Ficar no bem é questão de escolha. Eu quero ter um dia maravilhoso hoje, mesmo ciente de que em minha profissão tenho de enfrentar pessoas em desequilíbrio. Eu gosto de representar a lei nesta cidade.

— Escolheu a profissão certa, minha querida. Eu também represento a ordem em diversas dimensões em que atuo. Agora, tenho que voltar ao trabalho. Fique na paz e, se precisar, me chame. Tenha um bom-dia.

— Tenha um ótimo dia, João Pedro.

Capítulo 4

Marta levantou-se da cama e espreguiçou o corpo. Depois, entrou no banheiro e tomou um banho, deixando a água quente correr por seu corpo. A policial vestiu a farda e desceu para tomar o café da manhã com a mãe e com o irmão.

— Bom dia. Papai saiu para o mar tão cedo?

— Não, filha. Ele não voltou da pescaria essa noite.

— Estranho... ele não gosta de passar a noite no mar.

— Não se preocupe. Vou atrás dele. Pedi uma carona no barco de seu Geraldo. Nós vamos encontrar papai e ver o que aconteceu — disse Bruno.

— Por que não me avisaram que papai não retornou do mar?

— Você chegou tarde na noite passada, e eu não quis deixá-la preocupada. De nada resolveria mais uma pessoa ficar na janela olhando para o mar e esperando o barco retornar para a costa.

— Mamãe é muito dramática. Tenho certeza de que papai está bem. Não ocorreu nenhuma tempestade essa noite. A correia do motor deve ter soltado, ou motor deve ter sofrido um superaquecimento. Coisas assim impedem que o barco retorne.

— Bruno, quando chegar com papai, ligue para meu celular ou me mande uma mensagem. Tenho que ir trabalhar. Não se preocupe, mãe. Fique bem.

— Essa menina está sempre tão calma e tranquila. Não sei a quem puxou tanta tranquilidade. Estou nervosa e preocupada, mas parece que ela não se importa com ninguém.

— Não é bem assim, mãe. Marta se importa conosco, mas da maneira dela, que é diferente da sua. Ela sabe que se manter mais calma é a melhor opção.

— Como se isso fosse possível! Pare de defender sua irmã! Seu Geraldo deve estar tirando o barco do píer, então se apresse antes que ele desista de lhe dar carona.

Marta chegou à delegacia e encontrou um de seus colegas saindo apressado. Ele a chamou:

— Venha comigo.

— O que aconteceu? Roubaram o banco?

— Não, seu prisioneiro conseguiu fugir.

— Deixaram Humberto escapar?!

— Infelizmente, o mecânico tem amigos na carceragem. A cela ficou aberta essa noite após o jantar.

— Desgraçado! Aposto que o carro velho do Munhoz deve está perfeito! Como o delegado ainda tolera esse cara?

— Simples! Munhoz é cunhado dele.

— Humberto deve ter seguido para o hospital. Ele vai matar Paula.

— Ela fez a denúncia contra ele pela violência que sofreu?

— Eu iria levar a papelada para ela assinar agora pela manhã. Ontem, ela concordou em colaborar com a justiça e permitiu que agíssemos. Se ele chegar lá antes de nós... Meu Deus... Paula pode já estar morta, enquanto seguimos para lá.

Nesse momento, Marta sentiu a presença de João Pedro, cuja voz ecoou em sua cabeça.

— Não jogue energias negativas sobre Paula. Ela não precisa carregar mais esse peso.

— Desculpe.

— Está pedindo desculpa pelo quê, Marta? — Fernando, que estava ao volante, olhou intrigado para ela.

— Não foi para você. Meu mentor me deu um puxão de orelhas.

— Você é estranha! Não gosto quando começa com essas esquisitices.

— Tem medo de espíritos?

— Não, só não quero ouvi-los ou vê-los! Prefiro ficar no mundo dos vivos. Já basta aquele dia em que por pouco fui baleado.

41

— E viu um espírito diante de si lhe dizendo para se abaixar no momento exato em que o assaltante disparou a bala em direção à sua cabeça. Recordo-me desse dia. Você ficou branco, tremia e acabou tendo uma crise de soluços.

— Você brinca com isso! Eu sei que eles existem e interferem em nosso mundo, mas não quero vê-los novamente ou ouvi-los como naquele dia.

— Sua vida foi poupada, Fernando! Aquela bala faria um grande estrago em sua cabeça! Você não deveria ter medo de quem o ajudou daquela forma.

— Eu agradeci a ajuda de todo o meu coração, mas tenho medo das visões que ando tendo depois daquele dia.

— Continua vendo espíritos?

— Sim, e tenho medo disso.

— É melhor se acostumar, pois sua mediunidade se abriu. Para quem tem sensibilidade, isso é irreversível. Uma vez aberto esse campo, é melhor procurar aprender sobre o assunto para ficar mais esperto e não cair em armadilhas.

— Que tipo de armadilha?!

— Às vezes, espíritos que querem sugar sua energia se disfarçam de espíritos bonzinhos e iluminados. E é preciso ficar esperto com os espíritos mais ignorantes, Fernando. Digo ignorantes não por serem desprovidos de inteligência, mas por ignorarem que existe uma forma mais adequada de saciarem a fome de energia.

— Não quero ter esse negócio de mediunidade. Passarei no terreiro do Pai José e pagarei a ele para retirar essa coisa da minha vista.

— Fernando! Agora quem está desprovido de inteligência é você! Você pode seguir a religião que desejar, gastar o que quiser, mas não se livrará da sua sensibilidade mediúnica. Ela se abriu por ter chegado a hora de você aprender sobre o assunto. Não tenha medo! Deixe um mundo novo ampliar a razão de sua existência.

— Acha mesmo tão bom ser médium?

— Claro! Tenho uma porta aberta para meu aprendizado. Se pudesse ver com os olhos carnais, você não acreditaria na quantidade de dimensões habitadas por espíritos. Ser médium é ter aventuras a cada noite. A vida se transforma, e nós conseguimos olhar com outros olhos para a realidade que nos permeia. Nada é o que parece ser.

— Você é estranha! Não quero ser como você, doida!

Marta ria, sabendo que Fernando, um dia, mudaria de ideia em relação à sensibilidade mediúnica.

A viatura parou diante do hospital, e os dois entraram. Marta seguiu para a enfermaria onde Paula estava internada, e Fernando foi falar com os seguranças, tentando obter notícias de Humberto.

Marta falou com a chefe das enfermeiras:

— Quero que ela seja transferida para um quarto particular. Paula está correndo perigo.

— Quartos particulares são para conveniados. Senhora Paula Abrantes Souza não tem convênio privado. Não posso atender a seu pedido, policial.

— Seria apenas por algumas horas, até prendermos o marido violento dela. Conto com sua colaboração.

— Sinto, mas não tenho como transferir Paula. Sugiro que fique aqui e a proteja.

— Ficarei o quanto puder ao lado de Paula, mas preciso que ela assine a petição da queixa contra Humberto Souza.

— O mecânico? Ele esteve aqui e, se não me engano, entrou em um dos quartos para visitar um amigo. Conheço Humberto. É ele quem conserta meu carro.

— Ele entrou no hospital? Quanto tempo faz isso?

— Vinte minutos. Passei por ele, quando estava visitando o lado masculino e organizando os medicamentos para os pacientes.

Marta chamou Fernando pelo rádio e em um segundo ele estava ao seu lado.

— Paula oficializou a queixa para poder chamar reforço policial?

— Ainda não.

— Faça Paula assinar a queixa, ou teremos de sair do hospital. Oficialmente, nós não estamos aqui.

— Compreendi. Ela assinará a queixa, e nós prenderemos Humberto. Ele está por perto.

Marta entrou no quarto, e Paula respirou aliviada ao ver a amiga. A policial, sem perder tempo com cumprimentos, foi direto ao assunto:

— Seu marido fugiu. Ele estava detido para averiguação pela agressão a Igor. Precisamos pegá-lo e protegê-la, mas é preciso oficializar a queixa da violência doméstica que você sofreu.

— Ele me matará, se eu assinar!

— E se não assinar, com certeza ele a matará também, pois a polícia não poderá fazer nada para ajudá-la.

Se você assinar, será levada para um lugar seguro, e ninguém saberá onde está. Pedirei uma ordem de proteção 209A.

— Eu assinarei, Marta, mas quero deixar esta cidade o mais rápido possível. Preciso desaparecer no mundo.

— Existem casas em outros estados que a receberão, querida. Você terá orientação psicológica, social e jurídica.

Paula assinou os papéis que estavam nas mãos de Marta. Ao assinar a última página, a enfermeira entrou no quarto assustada e chamou Marta, que se afastou do leito de Paula.

— O que foi?

— Tem um homem escondido no teto do banheiro da enfermaria 2. Parece ser Humberto. Pude vê-lo espiando por uma brecha do forro. Eu conheço o rosto bonito dele.

— Tem muitos pacientes nesta enfermaria?

— Três mulheres.

— Quero que retire essas pacientes uma de cada vez calmamente. Vamos prender Humberto.

Nesse momento, Helena chegou à enfermaria para ficar com Paula. Ao ver Marta uniformizada, a mulher ficou apreensiva e perguntou:

— O que está fazendo aqui, Marta?

— Estou protegendo sua filha.

— Paula não precisa da sua proteção, pois não está correndo perigo algum. Humberto esteve em minha casa essa manhã e explicou o que aconteceu com Paula.

— O que ele disse?

— Ele disse que Paula bebeu muito e caiu, batendo o rosto nos pés da cama. Ele tentou ajudar, e vocês chegaram. Quanto à acusação de ele ter agredido Igor, Humberto afirmou que tentou defender meu filho de agressores que vinham de outra cidade. Como vê, meu genro é inocente.

— A senhora notou os ferimentos nas mãos de Humberto? Qual foi a explicação para eles?

— Disse que durante a briga com os forasteiros ele feriu a mão.

— O que a senhora não notou, dona Helena, foi o sangue de seus filhos na roupa de seu genro. Enquanto ele esmagava o crânio de Igor, creio que o sangue espirrou na roupa dele, não?

— Marta, quero que se retire deste hospital. Você quer prejudicar meus filhos, acusar meu genro e destruir minha família. Paula não pode se tornar uma mulher divorciada! Isso é contra a lei da Igreja.

— A senhora não pode exigir minha retirada do hospital. Estou aqui a trabalho, e a senhora está prejudicando a ação da polícia. Saia do meu caminho e, por favor, guarde sua hipocrisia para si.

Marta comunicou o paradeiro de Humberto pelo rádio, e Fernando chamou reforço policial.

Capítulo 5

Em poucos minutos, o hospital já estava cercado. Os policiais começaram a vasculhar cada centímetro do forro, e Humberto não teve como se esconder. Quando o fugitivo avistou os policiais, que se aproximavam dando-lhe ordem de prisão, ele quebrou um pedaço do forro com o pé e se jogou sem notar onde iria cair. Quando os policiais chegaram, Humberto estava caído no chão do banheiro feminino ao lado de Helena, que lavava a mão na pia naquele instante. O fugitivo caiu bem próximo da sogra e rapidamente se levantou, segurando Helena pelos cabelos e fazendo-a de refém. Os policiais desceram do forro pela mesma abertura e cercaram Humberto dizendo:

— Não se esconda embaixo da saia de uma mulher, seu covarde! Solte-a. Você não tem saída! Desta vez, pagará caro por ser violento com sua mulher.

— Ele não é violento com Paula! Isso é mentira! Meu genro é um homem bom, temente a Deus.

— Dona Helena, fique calada. Como tem coragem de defender esse canalha, que por pouco não acabou com a vida de seus dois filhos?!

Fernando estava atordoado com o discurso de defesa de Helena. Humberto apontava a arma para a cabeça da sogra, e mesmo assim ela o defendia. Fernando precisava fazer Helena despertar para a verdade, então sugeriu que ela fosse trocada por Marta, que, naquele momento, estava parada à porta do banheiro apontando sua arma para a cabeça de Humberto.

— Decida rápido! Se quiser sair deste hospital com vida, solte essa mulher agora!

— Não, filho. Se você me soltar, eles vão atirar e vão matá-lo. Eu ficarei com você, e juntos sumiremos desta cidade até eles o esquecerem.

— Por que o protege? — perguntou Marta, indignada com a reação da mãe de Paula.

— Ele é inocente! Não deixarei que o prendam!

Humberto passou pelos policiais sem dar as costas para eles. Agarrado ao corpo de Helena e apontando uma arma para a cabeça da sogra, ele deixou o hospital e seguiu para o estacionamento. Os dois subiram na moto de Humberto e arrancaram em velocidade. Três viaturas da polícia saíram atrás dos fugitivos, mas era impossível atirar em Humberto sem atingir as costas de Helena, que lhe dava cobertura. Os dois, então, desapareceram nas curvas da estrada em alta velocidade.

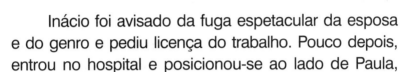

Inácio foi avisado da fuga espetacular da esposa e do genro e pediu licença do trabalho. Pouco depois, entrou no hospital e posicionou-se ao lado de Paula, tentando encontrar uma explicação para o fato de Helena apoiar o genro daquela forma.

O coração de Inácio estava dando pulos dentro do peito. Ele estava envergonhado por ser alvo dos comentários maldosos dos habitantes da cidade, pois muitos viram quando Helena passou na moto com Humberto. Aquela situação era um grande escândalo.

Paula apenas chorava, sem conseguir falar nada para seu pai. Ela tentou apertar a mão de Inácio, mas não teve força. De repente, ele começou a desfalecer levando a mão ao peito, enquanto Paula gritava por ajuda. Uma enfermeira veio ao seu socorro, viu Inácio no chão e rapidamente chamou pelo médico que atendia aos pacientes na enfermaria masculina.

Doutor Cássio pediu o desfibrilador, que chegou ao quarto rapidamente. No entanto, mesmo o médico usando a carga máxima no peito de Inácio, seu coração não pulsava dentro do peito. O infarto foi fulminante.

Para Paula, o que se passava ali no chão ao lado de sua cama parecia uma cena de filme. Ela gritava para o pai reagir, deixando todos emocionados na enfermaria, mas não houve reação. Em poucos instantes, vieram os enfermeiros e colocaram Inácio em uma maca, retirando-o do quarto.

Paula foi medicada e acabou adormecendo rapidamente. O corpo de Inácio foi levado para o necrotério do hospital.

Voltando um pouco a ordem dos fatos ocorridos, quando o espírito de Inácio teve o cordão de prata desatado do corpo físico, ele ainda sentiu a forte carga do choque do desfibrilador em seu peito. Inácio estava confuso e temeroso, sem saber o que se passava com ele. De repente, notou uma luz forte na parede do quarto e dela surgir alguém que ele conhecia.

Maria da Glória estendeu a mão e seus braços acolheram o espírito de seu filho em um forte abraço:

— Está tudo bem, filho. Estou aqui para levá-lo a um belo lugar.

— O que está acontecendo, mãe? Como meu corpo pode estar ali? O médico está tentando ressuscitá-lo! Eu estou aqui!

— Aquela é apenas uma veste, usada para permanecermos na Terra. Seu verdadeiro corpo é este que você sente. Não fique perturbado, pois a vida continua, meu filho. Podemos ser muito mais felizes deste lado. Agora a verdadeira vida recomeça para você. É bom poder voltar para casa depois de uma jornada em que colheu experiências na Terra.

— Não posso deixar minha família agora! Paula e Igor precisam de minha ajuda. Helena enlouqueceu e me envergonhou! Não posso abandonar meus filhos.

— Querido, eles ficarão bem, pois Deus está com eles. Cada um de nós precisa enfrentar os desafios que a vida nos dispõe. Paula necessita aprender a caminhar com suas próprias pernas, e Igor a assumir suas escolhas. Meu querido, você não pertence mais a este planeta, e em breve todos estaremos juntos novamente em outra dimensão. Aqueles que se amam verdadeiramente se reencontram para sanar a saudade. Se for satisfatório para todos e fizer bem, esses reencontros agradáveis são permitidos. Vamos, Inácio. Tenho muito para lhe mostrar.

— Mãe! Helena...

— Querido, sei que você ama sua mulher, mas seja um pouco mais lúcido em relação ao comportamento dela. Ela tem muito a aprender com esta experiência. Helena fez sua escolha, e a vida apresentará os desafios de acordo com o que ela escolheu. Pare de ser tão protetor dos seus. Está na hora de cuidar de você e de seu bem-estar. Vamos, Inácio. Eles estão esperando por nós.

O corpo de Inácio foi retirado da enfermaria. O espírito de Inácio observava o transporte de seu veículo físico na maca, quando perguntou:

— Realmente não tem mais volta? Eu não desejava morrer agora.

— Você não está morto! Se sente morto?

— Não. Eu estou respirando, raciocinando, sinto meu coração bater dentro do meu peito e sinto meu corpo como aquele que acabaram de retirar do quarto.

— Depois que se lembrar de como é viver em uma dimensão distante da Terra, você se sentirá mais leve. E eu lhe garanto que se sentirá muito mais feliz também. Podemos ir?

— Vamos, mãe. Posso me despedir dos meus filhos?

Maria da Glória olhou em direção ao portal que os espíritos superiores abriram na parede do quarto e, voltando-se para Inácio, respondeu:

— Seja rápido, pois precisamos deixar a Terra. Este lugar tem vibração forte na negatividade, e essa massa nociva pode nos atingir.

Inácio passou a mão na cabeça de Paula e beijou sua testa dizendo:

— Se puder, eu a ajudarei, minha pequena. Papai ama você. Seja forte e use sua força para se reerguer. Eu ficarei bem, filha. Até um dia, amada.

Paula não registrou as palavras do pai, pois estava dormindo profundamente. Seu espírito, que estava sobre o corpo físico, também estava adormecido, pois a moça tomara uma injeção forte que a deixara naquele estado. Seu inconsciente, no entanto, registrou o carinho que ela acabara de receber do pai, coisa rara de ocorrer na presença de Helena, que inibia Inácio com seu olhar crítico repleto de regras ultrapassadas que ela aprendera com seus pais na infância. Diante de Helena, Inácio se anulava. Ele a amava e sentia a força dela. Inácio escolhera ser submisso para viver em paz em seu lar. Era Helena quem decidia tudo na vida da família e controlava bem de perto os passos do marido.

Maria da Glória levou Inácio até a UTI onde Igor estava internado, para que ele pudesse se despedir do filho. O espírito de Igor estava na colônia de socorro e aproveitava que seu corpo físico estava em coma para aprender um pouco mais e recuperar sua energia. Ele, então, foi puxado para o corpo, e os dois espíritos ficaram frente a frente.

— Pai! O que está acontecendo? Por que está aqui dessa forma? — nesse instante, os olhos espirituais de Igor conseguiram identificar a presença de sua avó Maria da Glória. Sorrindo, ele abraçou a avó dizendo:

— Vó Glorinha, quanta saudade! O que faz aqui com papai?

— Meu querido, eu também senti saudade de você. Às vezes, consigo dar uma olhadinha nas pessoas que amo na Terra. É preciso não deixar se envolver por essa energia densa que permeia o planeta. Trouxe seu pai aqui para uma rápida despedida, meu amado Igor.

— Papai, o senhor morreu?

— Acabo de descobrir que a morte não é o fim de tudo como sempre imaginei, filho. Estou seguindo viagem para outra dimensão. Recebi a grata permissão de me despedir de você e de sua irmã. Quero que os dois fiquem bem! Você precisa voltar e continuar sua jornada, pois não chegou sua hora de deixar a Terra.

— Pai, não quero ficar aqui sem você!

— Não seja criança, Igor! Você é um homem adulto. Seja forte e cuide bem de si mesmo — Maria da Glória falava com firmeza.

— Sua avó tem razão, filho. Você é um homem. Cuide-se e olhe por Paula, pois ela é frágil e delicada.

— Pai, não sou assim tão homem quanto o senhor imaginou.

— Eu sei, Igor, sempre soube que você tinha tendências homossexuais. Não sou cego, meu filho, mas fui covarde para aceitar a verdade. Acabei me afastando da família e deixando Helena cuidar de tudo.

Ela tinha certeza de que curaria sua "doença". Hoje, no entanto, sei que não se trata de uma doença. Você é o que é, meu filho, e eu tenho orgulho de você. Siga seu caminho e jamais deixe que alguém o menospreze por ser como a natureza o fez.

— O senhor tem orgulho de mim?

— Sempre tive, Igor! Você foi um filho carinhoso e muito inteligente, e sei que será um adulto maravilhoso. Se puder, estarei com você quando precisar. Filho, você tem meu amor e meu respeito eternos. Fique na paz e cuide de sua irmã. Quanto à sua mãe, tenha paciência com ela. Apesar de Helena se mostrar forte e irredutível em diversos aspectos e da arrogância de achar que está sempre certa, ela precisa de ajuda.

— Mamãe não me aceita como sou. Pai, preciso de sua ajuda para convencê-la de que sou um ser humano como qualquer outro. Eu apenas tenho uma orientação sexual diferente da que ela desejava para mim. Sou gay e estou aprendendo a viver com naturalidade.

Maria da Glória entrou na conversa:

— Fez bem a seu espírito esse período de descanso no corpo físico. Você aprendeu a se aceitar, meu neto. Esse é o primeiro passo para buscar a felicidade. Seja leve, pois a alegria faz verdadeiros milagres na vida. Fique na paz, Igor. Logo, logo, você despertará e terá uma vida longa e feliz. Faça escolhas que lhe farão bem.

— Fique bem, filho. Até um dia! Quando retornar, se puder, virei buscá-lo. Amo você.

Os dois estavam atravessando o portal, que se abriu na parede da UTI. A luz que vinha dessa abertura e separava as dimensões era intensa, e Igor se impressionou ao vê-la. Em direção à luz, ele lançou um beijo no ar, quando Maria da Glória e Inácio olharam para trás na despedida.

Capítulo 6

    Humberto estacionou a moto na porta de um bar, em um dos bairros mais violentos da cidade de Vitória, no estado do Espírito Santo. Helena estava atordoada com as manobras perigosas que seu genro realizava, enquanto despistavam as viaturas da polícia. A moto parecia ter criado asas e sobrevoava a pista e as estradinhas de terra que percorriam em altíssima velocidade. Helena apertava a cintura de Humberto e mantinha os olhos fechados. A mulher apenas os abriu quando, horas mais tarde, o genro diminuiu a velocidade para estacionar ao lado do bar que fedia à fumaça de cigarro e aguardente.

— Não posso entrar nesse lugar de bêbados! Leve-me para uma lanchonete frequentada por pessoas do meu nível social.

— Cale a boca, velha rabugenta! Entre no bar e se alimente, pois vai precisar estar com o estômago forrado para retornar à cidade. Preciso que faça um serviço especial.

— Vamos a um lugar mais apresentável. Sou uma senhora de respeito. Não posso entrar aí.

— Quer mesmo que eu lhe diga no que a grande dama respeitável da cidade se tornou hoje? Helena, minha sogra desmiolada, a senhora acabou de dar fuga a um fugitivo da polícia. Realmente imagina que as pessoas daquela cidadezinha minúscula darão crédito à sua boa ação do dia?!

— Você foi vítima de minha filha! Deve ter ficado nervoso com as bebedeiras de Paula. Ela realmente perdeu um grande marido. Você, no meu conceito, é um homem trabalhador e honesto. Estou do seu lado, meu genro. Podemos voltar e explicar a verdade à polícia. Paula se tornou uma alcoólatra.

Humberto subia os três degraus da escada para entrar no bar, quando se virou para Helena. Ele a fixou, sem acreditar no que acabara de ouvir. Nesse momento, ele conseguiu notar a ingenuidade de Helena. Ela realmente acreditara em tudo que ele falara sobre Paula e Igor. Humberto resolveu tirar proveito da situação.

— Não podemos voltar agora, pois a polícia não acreditaria na verdade. Preciso contratar um ótimo advogado para o caso. Poderia me ajudar, querida sogra?

— Você tem dinheiro?

— Trouxe alguns trocados, mas não posso mexer na conta, pois saberiam onde estou. Não quero ser preso por algo que não fiz.

— Então, como vamos contratar um bom advogado para o caso?

— Minha sogrinha deve ter algumas economias no banco, não? A senhora poderia me emprestar uma quantia até eu conseguir limpar meu nome, e, quando eu voltasse para a oficina mecânica, trabalharia duro para lhe pagar o que devo. Afinal, sou inocente, dona Helena. Foi Paula quem me colocou nesta situação.

— Eu sei, querido, e estou envergonhada por isso. Tentei ensinar a ela minha experiência de vida. Mostrei como uma mulher honesta se comporta e fiz o que pude para que ela mantivesse o casamento harmonioso, mas Paula se tornou uma viciada em álcool.

— Não se culpe, dona Helena. Paula é a culpada em toda esta história. Ela vivia caindo, se ferindo, e a culpa de tudo caiu sobre meus ombros. Seu marido me olhava de uma forma estranha nos últimos tempos. Creio que ele não acreditava em minha inocência. Nunca toquei em um só fio de cabelo de minha mulher com violência, nunca!

— Eu acredito em você, querido. Paula é minha decepção. Sendo minha filha, ela tinha que ser mais responsável e equilibrada. Não sei mais o que fazer para modificar essa menina!

— Posso ajudá-la a reeducar sua filha. Vamos tomar um refrigerante gelado e comer um lanche. Darei à senhora os conselhos de que precisa e depois a deixarei próxima à rodoviária de Vitória.

— E o que acontecerá com você, Humberto?

— Tornei-me um fugitivo, dona Helena. Não sei como continuarei vivendo, tendo de me esconder como um rato. Como vou me sustentar?

— Eu vou ajudá-lo, querido. Não se preocupe. Foi Paula quem o deixou nessa situação. Mandarei dinheiro para custear suas despesas. Só não sei ainda como enviar esse dinheiro...

— Encontrarei um meio. Tenho amigos aqui em Vitória. Pode fazer os depósitos na conta desses amigos. Eles são honestos e me entregarão o dinheiro. Agora é melhor comermos para enfrentar a viagem de volta.

— Você disse que serei malvista na cidade por acobertar sua fuga. Não se preocupe com isso. Se pudesse, eu faria tudo novamente para evitar que fosse preso, meu querido. Estou muito envergonhada do comportamento de Paula. Você salvou meu filho da morte naquela luta com os forasteiros encrenqueiros. A culpa é de Marta! Ela o acusa de ser o agressor de Igor.

— Eu jamais agrediria Igor! Marta é a policial amiga de Paula?

— Ela mesma. Vocês estudaram juntos no colégio, não se lembra dela?

— Martinha azedinha. Claro que me lembro dela. Era uma menina chata, encrenqueira, que ficava no fundo da sala. Ela sempre protegeu Paula no colégio. Azedinha terá o que é seu um dia. Deus há de castigá-la por me caluniar dessa forma.

— Deus é justo, querido! E se existe justiça, ele há de nos ouvir.

Helena tentou comer o sanduíche que o dono do bar serviu, mas não conseguiu engoli-lo quando olhou à sua volta. O lugar era sujo e as paredes eram escuras pela fumaça que soltava da chapa quente, que acumulava uma grossa camada de sujeira proveniente dos restos de queijo e de outros alimentos. Quando Helena pegou o copo de refrigerante, seus dedos sentiram algo colar, então ela deixou o copo na mesa e pediu um canudinho para conseguir beber o líquido da garrafa. As pessoas que entravam e saíam do bar olhavam para ela com reservas, querendo descobrir o que uma senhora como Helena fazia em um lugar daqueles.

  Humberto usou o telefone do bar para fazer suas ligações, temendo que seu celular fosse rastreado pela polícia. Vinte minutos depois, um carro elegante parou em frente ao bar. Ele, então, entrou no veículo e fechou a porta. Helena estava curiosa e apreensiva por ficar desacompanhada naquela mesa, temendo que Humberto a deixasse ali e desaparecesse naquele carro, que ele afirmara pertencer a parentes que viviam na cidade.

  De repente, um homem forte saiu da caminhonete e colocou a moto de Humberto sobre a carroceria do veículo, cobrindo-a com uma lona. Nesse momento, Helena se desesperou e caminhou até a porta do bar. O dono, então, a chamou alertando-a para ficar longe daquele carro.

  — Não sei quem é a senhora ou o que faz aqui, mas a aconselho a não se envolver com o chefe do tráfico dessas redondezas. Eles são perigosos. Se fosse seu amigo, não faria negócios com eles.

  — Eles são parentes de meu genro.

  — Essa gente não tem parentes, senhora. Não se iluda. A conta ainda não foi paga, então não pode deixar sua mesa. Retorne para lá, por favor — o dono do bar tentava de alguma forma proteger Helena, impedindo-a de se aproximar da caminhonete.

Depois de meia hora, Humberto desceu do carro. Seu rosto estava pálido e suas mãos trêmulas. Ele se aproximou de Helena dizendo:

— Tenho que ir, Helena. Peça ao dono do bar para chamar um táxi para a senhora e siga até a rodoviária.

— Para onde você vai? Melhor não seguir viagem nessa caminhonete. Retire sua moto de lá, e vamos até a Bahia. Lá você ficará mais seguro.

— Não posso. Eles são pessoas de minha confiança, fique tranquila. Está aqui o número da conta para o depósito. Por favor, seja generosa, minha sogrinha. Estou arruinado financeiramente, e a culpa é de Paula.

— Verei o que posso fazer. Como posso entrar em contato com você?

— Eu ligarei para sua casa. Agora tenho que ir. Talvez isso seja um adeus.

— Siga em paz, filho. Deus o acompanhe. Você estará sempre em minhas orações.

— Obrigado. E diga a Paula que ela pagará caro por me denunciar à polícia.

— Eu cobrarei minha filha e lhe garanto que não darei sossego a ela. Sinto muito por toda essa injustiça que fizeram com você.

Humberto entrou na caminhonete, que arrancou em velocidade. Helena retirou de sua carteira algumas notas, pagou a conta no bar e ficou esperando pelo táxi que a levaria para a rodoviária.

Chegando à rodoviária, Helena comprou sua passagem de volta. O ônibus partiria em duas horas,

61

então ela decidiu caminhar um pouco pela cidade. Há muito tempo não visitava Vitória. Quando jovem, fora com sua mãe à cidade para comprar parte de seu enxoval para o casamento com Inácio.

Helena olhou algumas vitrines, comprou peças íntimas e uma camisa branca para Inácio. Quando retornou para a rodoviária, o ônibus já estava sendo estacionado na plataforma. A noite começava a cair, e o vento quente chegava do mar deixando o verão ainda mais quente aquele ano.

Após entrar no ônibus, Helena recostou-se na poltrona e fechou os olhos. Não seria uma viagem muito longa, afinal sua cidadezinha ficava a apenas 90 quilômetros de Vitória. Duas horas depois, Helena descia do ônibus na pequena rodoviária de sua cidadezinha natal.

Novamente, Helena tomou um táxi e seguiu para casa. Ela estranhou vê-la às escuras e imaginou que Inácio estivesse com Paula e Igor no hospital. Colocou a chave na fechadura, acendeu a luz da sala e correu para o banho. Ao abrir o chuveiro para retirar a poeira da estrada, Helena pensou em ligar para o celular de Inácio e avisar-lhe que chegara em casa. Nesse momento, ela ouviu a companhia soar incessantemente, o que a fez fechar o chuveiro e se enrolar na toalha de banho.

Helena correu para o interfone que ficava na cozinha, olhou para a imagem na tela e se assustou com a movimentação de parentes em frente ao portão e com a presença da polícia. Helena falou com um primo que se anunciou no interfone.

— Eu estava no banho, preciso me vestir. O que está acontecendo?

— Temos más notícias, Helena. Abra o portão, por favor.

— Já disse que acabei de sair do banho. Espere eu me vestir. Vou abrir o portão, e vocês esperam no quintal.

Helena voltou para debaixo do chuveiro para retirar o xampu que cobria seus cabelos. Ao terminar o banho, foi para seu quarto se vestir tranquilamente. Esperava uma retaliação por parte da polícia e dos parentes abelhudos que viviam na cidade, afinal ela facilitara a fuga de Humberto. Ela desejou que Inácio estivesse em casa para resolver aquele assunto desagradável, mas sabia que mesmo que ele estivesse em casa nada resolveria, pois para Helena o marido era um molengão.

Vinte minutos depois, Helena abriu a porta da frente da casa. Todos que a aguardavam estavam irritados com ela. Marta e Fernando a esperavam para algemá-la e levá-la à delegacia, e os parentes a esperavam para que ela tomasse providências quanto à liberação do corpo de Inácio para o velório e o enterro. Helena, por fim, pediu que o primo e a polícia entrassem na casa e perguntou o que estava acontecendo.

Marta e Fernando olharam para Guilherme, o primo de Helena, como se o estivessem autorizando a se manifestar primeiro. Ele, por sua vez, fez Helena sentar-se no sofá e começou a falar:

— Você disse pelo interfone que não trazia boas notícias. Está me assustando, Guilherme! Diga logo o que trouxe tantos parentes até aqui! Quem morreu?

— Não queria ser direto, Helena. Eu estava procurando as palavras mais adequadas para lhe dar essa triste notícia. Bem... depois que você deixou o hospital dando cobertura a Humberto, Inácio entrou para visitar os filhos e seu coração...

— Eu avisei a Inácio que ele precisava consultar um cardiologista, pois já faz algum tempo que ele vem se queixando de dor aguda no peito. Como ele está?

— Os médicos atenderam Inácio com grande presteza, mas ele infelizmente não resistiu ao ataque fulminante e....

Desesperada, Helena levou a mão à cabeça. Foi com dificuldade que ela conseguiu confirmar a morte do marido.

— Inácio está morto?

Guilherme apenas confirmou com um gesto afirmativo de cabeça. Helena chorou abraçando-o em desespero.

Marta e Fernando tentavam acalmar Helena. Enquanto isso, João Pedro, mentor de Marta, mantinha-se em sintonia com ela, induzindo-a a pronunciar palavras de consolo. Ele também, paralelamente, lançava sobre a cabeça de Helena energias positivas para acalmar seu estado vibracional.

Helena sentiu uma calmaria estranha em seu peito e fez questão de saber todos os detalhes sobre a morte de seu marido. Guilherme deixou que Marta narrasse o que Paula contara a ela. A policial afirmou:

— Inácio está bem. Ele não sofreu. Fez uma viagem rápida e não estava sozinho. Paula segurava sua mão.

— Paula matou o pai de desgosto!!!

— Não repita essa bobagem! Foi depois de saber que estava em perigo com uma arma apontada para sua cabeça que ele não resistiu à forte emoção. Paula não tem culpa de nada! Humberto, aquele mau--caráter e marginal que você acobertou, é o grande culpado dessa grande tragédia que se abateu sobre sua família — Guilherme estava indignado com as acusações que Helena fazia a Paula.

— Sei que está sofrendo, dona Helena, mas estamos aqui para levá-la à delegacia, pois a senhora deu cobertura a um fugitivo da polícia. Está presa por obstruir a lei — falou Fernando.

— Eu não fiz nada! Fui refém de Humberto! Ele estava com uma arma apontada para minha cabeça! O que queriam que eu fizesse? Tive de subir naquela moto e corri um grande perigo fugindo da polícia — e, voltando-se para Guilherme, pediu: — Guilherme, chame nosso primo que é advogado. Não posso ser presa! Tenho que enterrar meu marido amado!

— Resolveremos isso na delegacia, dona Helena. Estamos cumprindo ordens do delegado. Não quero ter de algemá-la — Fernando estava impaciente e segurava a algema na mão mostrando a ela.

— Acompanhe os policiais. Entrarei em contato com nosso primo Olavo — Guilherme ordenou.

— Vocês são insensíveis! Eu fui vítima de Humberto, não sua cúmplice. Olavo provará a verdade diante da lei. Eu quero justiça! Preciso enterrar o corpo de meu amado companheiro! Isso é injusto!

— Acalme-se, dona Helena. Precisamos levá-la até a delegacia, então, seja cordata neste momento difícil. Depois, eu a ajudarei a liberar o corpo de seu marido no necrotério do hospital.

— Não quero sua ajuda, Marta! Eu já não gostava de você, quando era coleguinha de Paula no ginásio...

Pois saiba que agora a odeio por se aproveitar deste momento difícil para mostrar sua autoridade. Sei que foi você quem obrigou minha filha a prestar queixa contra Humberto. Você acabou com a vida de um rapaz íntegro e honesto, e eu a culpo por tudo o que nos aconteceu nesse dia trágico. Espero que suma de nossas vidas e nunca chegue perto de Paula novamente. Ela é burra e entrou no seu jogo, mas eu sei que você sempre invejou minha filha por ela ser mais bela que você.

— A senhora está distorcendo a verdade. Eu não invejo Paula; eu me penalizo por ela ter o azar de ter um marido como Humberto e uma mãe chucra como a senhora. Quanto a ficar longe de Paula, garanto que o faria se não houvesse a necessidade da presença da polícia devido às asneiras que ele fez contra a lei. Serei testemunha de acusação quando esse caso parar no tribunal. A senhora estava protegendo Humberto, dona Helena. Agora, levante-se deste sofá e ponha suas mãos para frente, para que eu possa colocar a algema. Marta estava irritada e bateu a algema no pulso de Helena, que gemeu de dor.

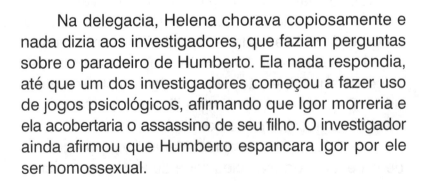

Na delegacia, Helena chorava copiosamente e nada dizia aos investigadores, que faziam perguntas sobre o paradeiro de Humberto. Ela nada respondia, até que um dos investigadores começou a fazer uso de jogos psicológicos, afirmando que Igor morreria e ela acobertaria o assassino de seu filho. O investigador ainda afirmou que Humberto espancara Igor por ele ser homossexual.

Helena ficou transtornada ao ouvir aquela afirmação, que para ela era uma grande calúnia. A mulher, então, tentou agredir o investigador, jogando em seu rosto o copo de água que estava à sua frente e gritando furiosa:

— Meu filho é macho! Muito macho!

O investigador se retirou da sala, deixando Helena sozinha. Ela, por sua vez, continuava gritando enlouquecida que o filho não era homossexual. Helena estava no limite de sua sanidade.

Era madrugada quando o primo de Helena conseguiu que fosse expedido um *habeas corpus* para ela deixar a delegacia. Helena, então, seguiu direto para o velório de Inácio. Devido às circunstâncias, Paula fora liberada pelo médico para providenciar o enterro de seu pai. Marta e Fernando ajudaram-na a escolher o local do velório e enterro, o caixão e a papelada burocrática para a liberação do corpo com o atestado de óbito.

Paula estava com o rosto deformado, e todos os amigos e familiares se comoveram com o estado lastimável da moça. Quando Helena chegou ao velório, todos a cumprimentaram prestando-lhe as condolências. Ela chorou descontrolada ao ficar diante do caixão de Inácio. As emoções estavam confusas dentro dela. Helena desejava que o marido se levantasse daquele caixão, sentindo vontade de bater em Inácio por ele se atrever a deixá-la. Ela estava revoltada, pois não gostava de ver sua intimidade sendo exposta diante de todos.

Paula estava na lanchonete do local do velório acompanhada de Marta e se retirou para tomar a medicação prescrita pelo médico. Quando retornou à sala onde acontecia o velório, Paula se aproximou do caixão, posicionando-se ao lado de sua mãe para lhe prestar as condolências.

Helena virou-se para ver quem a abraçara por trás e, ao se deparar com Paula, a cor de sua face ficou vermelha. Ela empurrou Paula violentamente gritando:

— Assassina! Você matou seu pai! Assassina! Você é a única culpada por ele estar morto!

Helena teria sido capaz de bater em Paula, se Guilherme e sua esposa não a segurassem e a retirassem da sala. Paula foi socorrida por Marta e Fernando, que a levaram para sua casa que ficava próxima dali.

Paula não conseguia falar. Estava chocada com a forma como sua mãe a acusara, mas no fundo sentia que era responsável pela morte do pai. Tentara, durante todos os anos de casamento infeliz, esconder o que se passava em sua casa, buscando desculpas para as marcas roxas em seu corpo. Paula nunca se queixara do marido aos familiares, pois se envergonhava e sentia culpa por deixar Humberto nervoso ao ponto de espancá-la.

Capítulo 7

Marta abriu a porta da casa, e o cheiro de comida azeda ardeu nas narinas de todos. Fernando correu à cozinha para jogar no lixo o jantar que ficara na panela e na mesa, esperando Humberto na noite que modificara a trajetória daquela família.

Marta levou Paula para o quarto e disse:

— Vamos fazer sua mala. Você ficará hospedada em minha casa, onde terá descanso e paz. Ficando nesta casa, as lembranças desagradáveis serão sua companhia.

— Não quero atrapalhar sua família, Marta. Eu queria desaparecer!

— Não repita isso! Na vida, as dores são passageiras! Essa dor passará! Eu lhe garanto. Reaja, Paula.

— Por que ela me tratou daquela forma cruel?

— Helena está perturbada com a morte de Inácio. Ela está tão perdida quanto você. Para ela, era preciso encontrar um culpado, e você foi a escolhida. Se Igor estivesse ali, ela talvez o acusasse também.

— Minha mãe me odeia! Eu fiz tudo o que ela pediu. Casei-me com Humberto, fui a mais infeliz das mulheres e não me queixei de nada. Talvez, eu seja realmente culpada pela morte de meu pai. Ele estava tão triste quando segurou minha mão no hospital. Pude ver tristeza em seus olhos.

— Não guarde essa lembrança triste dele. Recorde-se do tempo em que ele sorria e estava bem, pois assim essa energia agradável e positiva chegará até seu pai.

— Acha mesmo que meu pai está vivo em outro lugar?

— Está. A morte é apenas uma passagem de volta para nosso verdadeiro lar. Quando nascemos aqui, nós nos esquecemos de tudo o que ficou do outro lado da vida. Seu pai retornou para casa.

— Gostaria de ter essa certeza sobre a vida após a morte. Como ter certeza? Eu quero desaparecer e, pelo que vejo, não terei êxito se...

— Você não terá êxito algum se escolher esse caminho e descobrirá rápido que continua viva e que seus problemas aumentaram ante as leis justas que regem o universo. Você começará do início até compreender que o ato que cometeu foi um atentado contra Deus que habita seu corpo. Você é obra do Criador e não tem o direito de exterminar o que Ele criou. Nós precisamos agradecer por cada dia que estamos aqui colhendo nosso aprendizado.

— Aprendizado! O que posso aprender com tudo isso? Que sou frágil e não sei como seguir adiante?

— Não retire sua força, Paula. Você não é frágil como imagina. Seu medo não deixou que a Paula que existe dentro de você tomasse seu lugar neste mundo. Você se surpreenderá quando descobrir quem é a Paula e o que ela é capaz de fazer. Dê uma chance para que a verdadeira Paula se manifeste, minha querida.

— Como?

— Fazendo as escolhas corretas para ser feliz. Tudo está em suas mãos Paula. Escolha o caminho que deseja seguir. Diga o que a Paula gostaria de ter. Estudo?

— Eu não sei. Quando terminei o colégio, me casei e não continuei estudando. Quando era criança, queria ser professora.

— Você ainda pode ser uma professora maravilhosa, Paula. Você pode ser o que desejar. Basta estudar e se dedicar à profissão que escolher.

— É tarde! Eu estou acabada!

— Você quer ficar sentada olhando a vida passar e sentindo pena de si mesma? A escolha é sua, mas assim perderá o trem da vida. Compre a passagem, Paula! Escolha o melhor lugar e, quando sua viagem chegar ao final, você olhará para trás e sentirá orgulho de sua trajetória. A viagem acaba para todos, Paula. Somos nós quem escolhemos como seguiremos para outra dimensão: se tristes, ou realizados e felizes.

— Falando assim, você coloca toda a responsabilidade sobre meus ombros. Eu pedi tanto a Deus

71

para que Humberto nunca mais me espancasse, e veja o desfecho dessa história de terror.

— Acha que Ele não a escutou? Tenho certeza de que sim. Paula, Humberto nunca mais se aproximará de você. Saiba que você é uma mulher livre! Pode seguir o caminho que desejar e conquistar liberdade financeira e realização profissional. Você pode tudo! É uma mulher livre!

— Não tenho mais família. Estou sozinha!

— Você continua na queixa, Paula. Essa é a oportunidade de se descobrir e preencher todo o vazio de estar longe de si mesma! Isso é solidão. Você está tão distante de si mesma que não sabe do que gosta ou do que precisa. Paz, Paula. Está na hora de se encontrar.

Marta colocou Paula diante do espelho e perguntou:

— O que você vê?

— Uma mulher com o rosto deformado.

— Por trás desse rosto, o que você vê?

— Eu me vejo.

— E quem é você?

— Paula.

— Um ser que reencarnou na Terra. Você sabe o que veio buscar?

— Não.

— Você veio encontrar a Paula, saber do que gosta, tomar decisões, enfim, você veio tomar posse de si mesma. Chega de dependência. Prometa que nunca mais se colocará nas mãos de ninguém. Aprenda a dar-se o valor que você merece. Paula, você é um ser especial. Só existe uma de você no universo inteiro. Única, exclusiva e absoluta. Pode procurar, e não encontrará outra Paula. Você é especial! Todos nós somos únicos e especiais. Valorize-se.

— Tem razão, Marta. Quantas vezes eu desejei ser outra pessoa? Eu olhava as atrizes nas novelas e desejava ser uma delas. Eu sou apenas Paula, uma menina nascida nesta pequena cidade do litoral do Espírito Santo. Quero conhecer outros lugares, quero conhecer outras culturas. Peço ajuda a Deus.

— Ele a ajuda por meio de você. Dê o primeiro passo, e Ele o fará de acordo com suas escolhas.

— Obrigada. Eu realmente precisava ouvir um pouco de incentivo. Eu quero mudar. Chega de sofrer.

— Marta e eu agradecemos.

— Não compreendi.

— Sou um amigo de Marta. Meu nome é João Pedro. Sou um espírito e estou falando por meio da sensibilidade de Marta. Fiz questão de me apresentar a você, pois está na hora de acordar Paula. A vida é o que você desejar que ela seja. Tudo está em suas mãos, Paula. Vibre de acordo e plante para colher. Até agora, você só colheu frutos amargos, e eu desejo que sua colheita seja doce e sacie sua fome de conhecimento. Agora, tenho de me despedir. Fique bem. Seu pai foi amparado por sua avó Maria da Glória. Ele está bem. Você não é culpada de nada, Paula, mas não espere das pessoas o que elas ainda não podem dar.

Marta respirou fundo, e sua voz voltou ao normal. Ela, então, perguntou:

— O que deseja levar para suas férias à beira-mar?

Paula olhou para Marta tentando sorrir e falou:

— Gostei de João Pedro. É estranho falar com um espírito. Quero me acostumar e conhecer melhor esse assunto. Vamos arrumar a mala. Não quero que ninguém saiba que estou passando um tempo em sua casa.

— Não se preocupe, Paula. Meu irmão Bruno não dirá nada. Mamãe e papai pouco vêm para o centro de nossa cidade. Meu pai sai para o mar, e minha mãe fica em casa bordando suas toalhas. Os turistas adoram os bordados e o artesanato dela. Até meu pai e Bruno resolveram criar. Eles têm feito barquinhos de madeira para vender na porta de casa.

— Bruno não está estudando?

— Está, mas nas horas vagas ele modela barcos com troncos que o mar traz das ilhas.

— Não quero dar trabalho para sua mãe. Posso cuidar da casa para ela ter mais tempo com os bordados.

— Não se preocupe com isso, pois minha mãe não sabe ficar parada. Vocês se entenderão. Vamos levar seus objetos pessoais. Não quero que sinta falta de nada.

— Gostaria de levar tudo o que é meu. Não quero retornar a esta casa nunca mais.

— Se tem certeza de que não deseja voltar, daremos um jeito de pagar o aluguel.

— Não pago aluguel. Essa casa é de meu pai. Foi ele quem nos emprestou.

— Então será melhor retirar até mesmo os móveis. Sua mãe não admitirá sua presença na casa.

— Deixarei tudo, afinal foram meus pais quem compraram todos os móveis. Não quero nada que me faça recordar dessa fase triste de minha vida. Levarei minhas roupas e meus documentos.

Nesse momento, Fernando entrou no quarto dizendo:

— Preparei um lanche para nós. Imaginei que estariam famintas, pois aquele café na lanchonete não foi suficiente para me reabastecer.

— Senti um cheiro de café fresquinho. Estou com fome. Depois, continuamos a fazer as malas, Martinha. Vamos saborear esse agrado que Fernando nos preparou. Obrigada, meu amigo.

— Não me agradeça. Eu sou um policial linha-dura; não faço agradinhos. Estava faminto, e sua geladeira estava repleta de guloseimas.

— Não ligue para o que ele fala, Paula. Fernando quer se passar por durão, mas atrás desse personagem existe um homem sensível, amoroso e muito cavalheiro com as mulheres.

Fernando sorria mostrando seus belos dentes. Seu sorriso trazia luz para seu rosto de pele negra. Era um homem de rara beleza, e as mulheres ficavam enlouquecidas quando se aproximavam dele.

— Não fale dessa forma, Marta! Quer estragar minha imagem para Paula? Eu sou um homem durão sim. Sou cortês às vezes, mas apenas para quem merece.

— Principalmente com as moças bonitas que chegam à cidade. Vamos comer! Também estou com fome — disse Marta.

Os três estavam sentados na cozinha, quando Paula começou a chorar.

— Paulinha, não se entregue à tristeza. Força! Essas lágrimas trazem dor para seu rosto machucado.

— Gostaria de poder sorrir como você, Fernando, mas hoje estou realmente perdida. Eu perdi tudo. Pai, mãe, marido. O que vou fazer de minha vida?

— Viver! Você é jovem e logo encontrará alguém que a respeite e lhe dê valor.

— Nunca mais quero me relacionar com ninguém! Seguirei minha vida sozinha e abandonada.

— Abandonada de si mesmo, como sempre esteve. Reaja, Paula. Não se faça de fraca! Você é forte.

— Desculpe, é que tudo aqui me faz recordar de Humberto, aquele canalha mau caráter, que eu infelizmente amei.

— As mulheres deveriam ter um alarme que soasse quando elas estivessem prestes a se apaixonar por um canalha desse tipo.

— Ele foi meu primeiro e único namorado. Estamos juntos desde a infância. Sinto algo estranho quando percebo a realidade. Ele não voltará, não entrará por aquela porta com flores e bombons me pedindo perdão.

— O miserável usava desse subterfúgio para fazer você aceitá-lo de volta? Ele a presenteava com flores e bombons e depois lhe pedia perdão?! — perguntou Fernando.

— Não falarei nada a respeito desse comentário. Estou indignada com tanta hipocrisia — falou Marta.

— Mas eu falo como homem. Esse vagabundo a usava como desejava, sabia que era amado e tinha certeza de que você não teria coragem de denunciá-lo pela agressão. Bastavam algumas palavras doces para você cair novamente em seus braços. Nunca mais se enfraqueça dessa forma, Paula. Ninguém tem o direito de usar o próximo, principalmente quando sabem da fraqueza do outro. Levante essa cabeça! Você é uma mulher bela e tem uma vida inteira para viver. Marta tem razão quando afirma que nós escolhemos como desejamos viver, e você pode escolher ser feliz!

Paula secou as lágrimas, terminou de comer o sanduíche preparado por Fernando, se levantou e pediu aos amigos.

— Vocês podem me ajudar a pegar todos os alimentos que estão nesta casa? Se não levarmos, tudo irá estragar. Não quero voltar aqui nunca mais. Chega de sofrer pelo que não tem volta. Quero ter uma vida nova, só ainda não sei por onde começar.

— Já começou, Paula. Você tomou uma decisão sábia. Os alimentos que estão aqui vão estragar se não os levarmos. A vida não gosta de desperdício. Vamos levar tudo para casa de Marta. Dona Márcia vai adorar.

Os três limparam a casa, deixando todos os móveis cobertos por lençóis. Após fechar a casa, Fernando deixaria a chave com o advogado de Helena, doutor Olavo.

Depois desse dia, Paula não foi mais vista na cidade. A moça não acompanhou o enterro do pai, pois preferiu evitar outro escândalo por parte de Helena. Paula aproveitou para visitar Igor, que continuava internado na UTI, e em seguida foi para a casa de Marta, que ficava mais afastada da cidade, em uma vila de pescadores, em uma praia que ficava deserta durante o ano, mas repleta de turistas no verão.

Capítulo 8

Era madrugada quando Marta e Paula entraram na casa. Márcia dormira no sofá da sala esperando por elas. Marta avisara a mãe que levaria Paula para passar um tempo com a família. Quando ouviu o barulho do carro da filha ser estacionado na garagem, Márcia se levantou do sofá, ajeitou a roupa, os cabelos e foi recepcionar sua hóspede.

— Entre, minha querida. Quero que nossa casa seja sua nova casa. Fique à vontade.

— Obrigada, dona Márcia. Estou um pouco constrangida por invadir sua casa dessa forma, mas eu realmente não tinha outro lugar para ir.

— Não vamos começar com as lágrimas novamente. Mamãe, não dê força para Paula ficar chorosa. Alegria é o que sempre tivemos nesta casa e é de alegria que Paula está precisando.

— Carinho de mãe e um bom caldo de galinha também — disse Márcia, abraçando Paula com carinho.

— A senhora fez aquela canja?!

— Você me disse que Paula estava se recuperando de um acidente, e não há nada melhor do que minha canja para restabelecer a saúde!

— Isso é verdade, Paula! Essa canja é mágica. Minha mãe prepara uma receita que foi de nossa bisavó, que era índia. Penso que ela faz alguma prece indígena enquanto prepara essa canja.

— Ouvindo tantos elogios a respeito dessa canja, já estou ficando faminta.

— Deixei em cima do fogão à lenha que fica na cozinha lá de fora. Quando reformou a casa, Marta não me deixou colocar o fogão à lenha nesta cozinha, mas fez um cantinho bem gostoso lá nos fundos com um fogão à lenha e um forno. Amanhã, vou preparar um peixe no forno de barro. Verá como fica diferente e delicioso.

— Ganharei peso com tanto carinho e comida boa. Obrigada, dona Márcia, por me receber em sua casa. Tentarei não dar trabalho para senhora. Quero ajudá-la em tudo. Sou uma boa dona de casa.

— Não precisa fazer nada, Paula. Quero lhe ensinar a bordar, pois assim você também ganha um dinheirinho. Os turistas adoram minhas toalhas. Estou vendendo bem na praia nos fins de semana. Vou buscar a canja lá fora. Você está com uma carinha cansada. Arrumei uma cama no quarto de Marta para você.

— Gostaria de comer lá fora, pois está quente esta noite. Assim, a senhora não precisa trazer a comida até a cozinha. Pelo que entendi, ela fica impecável na limpeza e a senhora usa a de fora.

— Como sabe?

— Sou dona de casa também. Se tivesse outra cozinha mais arejada do lado de fora da casa, eu usaria para que a gordura não se espalhasse pela casa.

— Essa menina sabe das coisas! Marta implica comigo por não usar a cozinha que ela planejou com armários de boa qualidade. Eu não os uso para não ficarem engordurados.

As duas sorriram ao ver o rosto satisfeito de Márcia, quando ela, triunfante, terminou de explicar os motivos que a levavam a cozinhar na velha cozinha com fogão à lenha. As três seguiram para lá, e Márcia finalmente serviu sua deliciosa canja. A brisa fresca do mar fazia companhia à agradável conversa entre as mulheres, enquanto Paula se deliciava com a comida, cujo tempero ela não se cansava de elogiar.

Marta estava feliz ao ver que Paula e Márcia estavam se entendendo. A carência de amor materno de Paula era um atrativo para Márcia, que a acalentava com o carinho que lhe era peculiar.

Depois de organizar os alimentos que trouxeram da casa de Paula, as três mulheres se recolheram. Paula tomou um comprimido que o médico receitara e rapidamente adormeceu.

Marta estava cansada do dia agitado e também dormiu. João Pedro não a retirou de perto de seu corpo físico. O espírito da policial passou a caminhar pela casa, desceu a escada e avistou uma silhueta masculina sentada no sofá olhando em direção à janela. As cortinas estavam abertas, e a luz do luar penetrava a sala. Marta perguntou:

— Quem é você e o que faz aqui?

— Como ela está?

Marta não reconheceu Inácio e perguntou:

— Não compreendo. A quem o senhor se refere?

— Sou eu, Inácio. Estou preocupado com minha filha. Como ela está?

— Bem. Paula ficará bem. Mas o que o senhor faz aqui? Deveria estar longe, sendo atendido por médicos em outra dimensão.

— Eu estava sobre a cama de um hospital, mas senti a angústia de Paula e, ao pensar nela, cheguei até aqui. Assisti ao meu velório e não pude evitar de assistir à triste cena em que Helena acusou Paula de minha morte. Você precisa me ajudar. Helena não pode tratar Paula dessa forma.

— Inácio, o senhor precisa se desligar das pessoas que ficaram na Terra. Paula está amparada, e Helena terá de aprender algo com a intransigência dela. Siga seu novo caminho. O senhor precisa se recuperar e encontrar o equilíbrio. Pedirei ajuda aos meus amigos espirituais para que o levem de volta à dimensão que o acolheu. Este lugar se tornou muito perigoso para você.

— Quero ver minha família bem. Como posso ter paz sabendo que minha família desmoronou? Quem irá controlar Helena para que ela não faça bobagens, como, por exemplo, menosprezar nossos filhos? Eu, de alguma forma, segurava os impulsos nocivos de minha mulher.

— Helena precisa aprender a controlar seu lado mais irracional, Inácio. Acredite no poder da vida, na força que ela tem de fazer as pessoas aprenderem as lições de que necessitam. Helena e Paula estão colhendo aprendizado. Quando essa fase terminar, as duas sairão mais sábias e se tornarão pessoas melhores do que são agora.

— Você consegue imaginar que Helena pode se transformar em uma pessoa melhor?

— Acredito que todos têm oportunidade de crescer e se tornar pessoas melhores. A vida nos convida a dar passos em nossa evolução, e cabe a cada um de nós seguir e encontrar o caminho que nos trará a felicidade. Uma pessoa feliz é um polo positivo na Terra e esse polo pode atrair o bem e espalhá-lo, gerando o bem para si e para todos os que estão ao seu lado. Creia que Helena e Paula podem evoluir com as escolhas que farão, Inácio. Tudo está em nossas mãos, e esse caminho é individual. Ajuda é algo sempre bem-vindo, se não interferir no livre-arbítrio das pessoas.

— Você fala de uma forma estranha... livre-arbítrio? Não compreendo.

— Todos nós somos livres para escolher. O livre-arbítrio é uma lei que rege o universo, e como lei é respeitada por todos os seres. Inácio, está na hora de o senhor cuidar de si mesmo. A vida o retirou do planeta, então, não insista em permanecer aqui. Este não é mais seu lugar. O senhor aprenderá muito, quando despertar como espírito que é.

— Se eu decidir ficar na Terra, eles não virão me buscar?

— Não. Eles respeitarão seu livre-arbítrio, enquanto isso não interferir no arbítrio das outras pessoas.

Mas já lhe aviso que será uma escolha que lhe trará sofrimento e muita dor. O senhor experimentará sensações que lhe causarão desconforto e estará à mercê das marés vibracionais do ambiente. Tenho certeza de que está sentindo dores no peito.

— Como sabe disso?

— Eu estou dividindo com o senhor o mesmo ambiente, e minha sensibilidade se conecta com sua energia. Eu estou sentindo uma dor em meu peito. O senhor precisa recuperar esse órgão que foi afetado.

— Não quero causar dor a ninguém. Como posso me livrar desse mal?

— Retorne para a maca onde estava, recupere esse órgão e aprenda a se equilibrar e se abastecer com sua própria energia. Permanecendo aqui, o senhor se tornará um vampiro que sugará a energia de quem está próximo e acabará prejudicando as pessoas quem pretende ajudar, somando seu pesar aos delas.

— Não quero prejudicar nem Paula nem Helena, mas gostaria de receber notícias de minha família. Quero dizer a eles que estou vivo.

— Quando estiver melhor, o senhor poderá voltar e ditar uma carta a um médium. Eu mesma posso ser esse canal de comunicação entre o senhor e Paula ou entre o senhor e Igor. No entanto, é preciso receber autorização dos seus superiores para que essa comunicação ocorra. Está tudo bem. Paula está amparada, e Igor ficará bem. Quanto a Helena, ela é uma mulher forte e em pouco tempo estará reequilibrada.

— Helena nunca foi uma mulher equilibrada! Ela é radical e tem conceitos antigos que aprendeu com os pais e a avó. De forma alguma, aceitará Igor como ele é. Temo por ele. Helena precisa mudar sua forma de ver a vida, e Igor precisa do apoio dela para se tornar produtivo na vida. Ele ainda é um menino e enfrentará o preconceito da mãe. Helena precisa mudar!

— Ninguém muda ninguém. Ninguém conseguirá fazer essa transformação ocorrer em Helena, pois ela é a única pessoa que conseguirá fazer isso. Na dimensão em que o senhor está, existem cursos que ampliarão seu raciocínio e sua aceitação em relação aos fatos. O senhor está querendo ser maior do que é, Inácio. Você não é Deus. Aceitar aquilo que não pode ser modificado é sinal de humildade, compreensão e inteligência.

— Tem razão. Não consegui mudar Helena quando estava vivendo ao lado dela e no mesmo planeta, então, não tenho como modificá-la agora. Chame seus amigos. Quero voltar para casa dos espíritos. É o que sou agora... um espírito. Cuide bem de Paula. Obrigado por tudo o que está fazendo por ela.

Inácio viu a luz no topo da escada. Era Maria da Glória fazendo um sinal para acompanhá-la.

— Eles chegaram, Inácio. Siga em paz. Tudo ficará bem com os seus.

— Você é uma moça especial, Marta. Fico mais tranquilo por você estar ao lado de meus filhos. Obrigado novamente.

Inácio desapareceu no portal que foi aberto no topo da escada. O espírito de Marta retornou para o corpo, e ela despertou para mais um dia de aprendizado.

Capítulo 9

A semana passou rápido, e Igor deu os primeiros sinais de recuperação. Paula estava caminhando na praia e apreciando o pôr do sol, quando Marta foi ao seu encontro para avisá-la sobre o estado de seu irmão. A policial notou que a amiga estava mais animada e que seu rosto estava voltando à tonalidade normal e que o inchaço diminuíra. As marcas do espancamento, no entanto, ainda eram visíveis em seu corpo, o que fazia Paula caminhar na praia quando o sol estava para se pôr, deixando-a mais deserta.

Em casa, Paula sentia-se constrangida na presença de Bruno e de Romeu, o pai de Marta. Quando eles chegavam em casa, ela mudava o comportamento e discretamente se trancava no quarto da amiga. Romeu era um homem alegre, que gostava de contar piadas e fazer quem estava à sua volta sorrir. Bruno não era diferente do pai, e quando os dois chegavam em casa, o ambiente ficava mais divertido. Márcia tentava aproximar Paula dos homens da casa, mas não estava tendo sucesso nisso.

Marta avistou Paula seguindo para as pedras, pois era ali que ela gostava de ver o sol se pôr. Marta caminhou na areia fina e atravessou o riacho de águas cristalinas que se encontrava com o mar. Paula estava distraída no alto da pedra e não notou a amiga se aproximando. Ela se assustou, quando Marta disse:

— Tenho boas notícias.

— Que susto! Não notei que você havia chegado. Como foi seu dia?

— A cidade está tranquila, então, não tivemos muitas ocorrências. E o seu dia como foi?

— Tranquilo. Aprendi um novo ponto de bordado e ajudei sua mãe a preparar o jantar. Ela é muito paciente comigo. Mas você dizia que tinha boas notícias. Do que se trata?

— Seu irmão acordou do coma e está bem clinicamente. Eu soube que ele chamou por você.

— Minha mãe estava com ele?

— Ela foi chamada ao hospital.

— Sabe como ela está?

— Aparentemente, ela está bem. Dona Helena é uma mulher forte.

— Igor ficará com ela até minha mãe descobrir a orientação sexual de meu irmão. Depois, não sei o que será dele...

— Quem sabe ela não o aceita e o trata com amor de mãe?

— Você não conhece minha mãe, Marta. Ela realmente está longe de aceitar ter um filho homossexual. Será preciso um milagre para ela aceitar Igor.

— Milagres às vezes acontecem. Você deseja visitar seu irmão no hospital antes de ele ter alta e voltar para a casa de sua mãe?

— Não. Quero ficar aqui escondida de todos. Não suporto o olhar acusador das pessoas. Não estou pronta para enfrentar os comentários maldosos a meu respeito. Bruno me disse que essa tragédia toda foi matéria em um jornal da cidade. Preciso ficar invisível para todos, até que se esqueçam desta tragédia.

— Bruno tem a língua comprida! Darei um jeito nele.

— Não brigue com seu irmão. Eu insisti, e ele me contou. Bruno ainda é um menino.

— Meu irmão tem dezoito anos! Não é um adolescente inconsequente. Você se refere a ele como se você tivesse cinquenta anos. Paula, você também é jovem. Tem vinte e sete anos e uma vida inteira pela frente.

— Às vezes, eu sinto como tivesse noventa anos. Sabe aquela pessoa que tudo compreende e para quem nada mais tem importância? Estou sem rumo e não sei quem sou. Perdi todas as minhas referências.

— Você vai conseguir se reencontrar. Não leve as coisas tão a sério. É bom sentir isso, pois lhe dá certa liberdade. Aos poucos, você descobrirá o que é bom para si e quais são as coisas de que realmente gosta. Tenha paciência com você, querida.

— Alguma vez você passou por uma análise desta?

— Sim, é natural procurar o autoconhecimento. Quando se redescobrir, você vai se apaixonar por quem é e nunca mais se abandonará. Você se colocará em primeiro lugar. Amor-próprio é primordial para nossa evolução, Paula.

— Como gostaria de sentir esse amor quando fico diante do espelho. Olho meu corpo e já me vêm as cobranças e as críticas.

— Você exige muito de si mesma! Quer ser maior do que realmente você é? Isso é soberba. Desça da perfeição que sua mente construiu, desça desse patamar inexistente. A realidade é diferente. Não se iluda. Você é e será aquilo que pode ser. Humildade, Paula. Se não é como seu ego determinou, você se coloca como um nada, como uma perdedora. Saia dos extremos. Nem tanto ao mar nem tanto à terra. Fique na praia, que é a sua verdade.

— Tem razão. Preciso parar de fantasiar a meu respeito. Não sou tudo o que desejei ser, porque não tentei realizar meus desejos. Eu sou o que posso ser.

— E você pode muito mais do que imaginou. Descobriu o que gosta de fazer?

— Eu estou adorando cozinhar. Aprendo muito com sua mãe. E sabe do que mais gosto? Quando toda a família está sentada em volta da mesa saboreando a comida. Eu fico feliz por ter participado do preparo e por proporcionar a vocês esse prazer de provar uma comida saborosa.

— Você descobriu que gosta de cozinhar! É um ótimo começo.

— Você acha? Parece uma coisa boba.

— Não é boba. É algo importante para você. Eu não sei cozinhar nada. Se morasse sozinha, teria dificuldade para me alimentar corretamente. Acho que é por isso que não deixo a casa de meus pais! Tirando, é claro, a companhia deles, que amo demais.

— Você não pensa em se casar, ter filhos, formar uma família?

— Não. Eu até gostaria de ter filhos, mas marido...? Jamais. Dou muito valor à minha liberdade. Moacir ficou decepcionado quando eu disse não ao seu pedido de casamento. Menina, me deu desespero em pensar que alguém tolheria minha liberdade, então decidi terminar o namoro com ele.

— Ele sempre gostou de você. No colégio, ficava furioso se você não aceitasse sua companhia. Lembro que um dos meninos ficava ao seu lado para provocar Moacir.

— Ele ficava uma semana sem falar comigo. Moacir ainda hoje é ciumento, e eu prometi que não deixaria minha emoção nas mãos de outra pessoa. Não quero viver com alguém controlando meus horários e os lugares que frequento. Amo minha liberdade!

— Liberdade é algo que eu ainda não conheço. Como desejo me sentir livre e forte como você. Trabalhar, ganhar meu dinheiro e me sustentar. Isso é um sonho. Talvez o princípio da liberdade?

— Sem dúvida, é a liberdade. E não tem preço, Paula.

— Moacir desistiu de você?

— Não, ele me procura no bar do hotel às sextas-feiras à noite. Eu gosto de me encontrar com as amigas, e ele sempre se aproxima. No final da noite, deixo o bar com ele, e saímos para namorar um pouco. Tenho uma química com Moacir que me agrada.

— Sem dúvida, você é uma mulher moderna. Você tem um caso com Moacir, mas não quer se casar com ele.

— Namorar é muito mais gostoso, boba. Não tem a parte chata de cozinhar e lavar cuecas!

As duas sorriam animadas, quando o sol se escondeu na linha do horizonte e a noite caiu salpicando o céu de estrelas. As duas amigas, então, decidiram retornar para casa. Enquanto caminhavam, ouviram o chamado de Márcia na praia, que gritava dizendo que o jantar estava pronto.

Elas apostaram uma corrida para ver quem chegaria primeiro em casa.

— Estou em boa forma e tenho fome. Você não conseguirá me alcançar, Paula.

— Eu sou rápida! Não sabe o quanto em sete anos de casamento tive de correr daquele crápula. Ganharei de você, policial.

As duas chegaram quase juntas à cozinha dos fundos da casa. Paula ganhou de Marta por alguns centímetros.

— Você me deixou ganhar para elevar minha estima! Isso não vale.

— Não a deixei ganhar! Você é rápida mesmo.

— Estou faminta, e esse cheirinho está delicioso. Adivinha o que preparamos para o jantar?

— Arroz, feijão, salada verde e carne assada no forno de barro.

— E a sobremesa?

— Não sei. Mas adoraria comer aquela *mousse* de maracujá com chocolate que você faz como ninguém.

— Então reserve um espaço no estômago, pois você comerá o que desejou! Sabia que você tinha gostado dessa sobremesa. Bruno e seu pai adoraram também.

— Então, vamos correr ou não sobrará nada para nós!

As duas pareciam crianças alegres, quando entraram na cozinha. Márcia notou um sorriso se formando nos lábios de Paula. Dia após dia, ela melhorava da depressão, e suas crises estavam ficando cada vez mais raras.

Capítulo 10

Três semanas depois, Igor retornou para casa, e Helena passou a cuidar dele como se fosse um bebê. Os cabelos de Igor começavam a nascer, escondendo a grande cicatriz em sua cabeça. O rapaz não ficara com sequelas graves, então retornou ao colégio. Estava no final do curso e perdera provas, ficando em recuperação para não ser reprovado no último ano.

Igor estudou com afinco para ser aprovado. Helena levava lanches para o filho e aos amigos que o estavam ajudando com as matérias atrasadas. Ela decidira observar as atitudes do filho com os outros jovens que frequentavam sua casa. Helena ficara intrigada ao notar que, todas as vezes em que chegava à sala de jantar onde os meninos costumavam estudar, a conversa animada mudava bruscamente.

No último dia de prova, Igor retornou do colégio com Bruno, irmão de Marta. Helena ficou apreensiva, pois sabia que Marta era amiga de Paula e não desejava essa aproximação entre os irmãos.

Bruno não fazia parte do grupo de amigos de Igor, mas estava lá atendendo a um pedido de Paula.

— Trouxe uma carta para lhe entregar.

— É de quem imagino?

— Sim. Ela quer vê-lo. Pode sair de casa desacompanhado?

— Estou sendo vigiado de perto, mas darei um jeito de encontrá-la depois da prova amanhã. Tentarei terminar a prova rapidamente e ligarei para que ela venha me apanhar na porta do colégio. Só não sei como chegar até a praia onde vocês moram, pois fica a uma distância razoável da cidade.

— Não se preocupe. Um amigo de minha irmã o levará até lá. O nome dele é Fernando. Você o conhece?

— Claro. Mas se me virem em um carro da polícia, como vou explicar isso?

— Não se preocupe. Fernando estará de folga amanhã e usará o próprio carro.

— Combinado. Vou esperar por ele no portão dos fundos do colégio, depois das duas da tarde.

— Boa prova e até amanhã. É bom vê-lo saudável novamente, cara.

Igor sorriu, e Bruno deixou a casa de Helena acompanhado por uma amiga que o levara até lá.

Antes de entrar em casa, Igor escondeu o bilhete de Paula no bolso das calças. Helena espiava da cozinha e notou quando Bruno entregou um pequeno papel para o filho. Queria descobrir do que se tratava. "Não vou admitir uma aproximação com aquela assassina, destruidora de nossa felicidade. Meu único filho não se perderá como aquela vagabunda sem escrúpulos".

Igor estudou durante a tarde e à noite foi tomar um banho para jantar. Ele lera o bilhete de Paula no banheiro, escondido de Helena. Quando terminou de ler o recado, jogou o papel no vaso sanitário e deu descarga até o bilhete desaparecer.

Helena vasculhou os bolsos das calças que Igor colocara no cesto de roupa suja e encontrou um bilhete endereçado a Igor. Ela notou que aquele bilhete, que estava amarelado e esquecido no bolso, não era de uma namorada como ela supôs. Ela desconfiou que o papel pertencia a um homem, pois a letra era muito masculina. O bilhete estava escrito em espanhol, o que fez Helena desconfiar ainda mais das palavras duras de Humberto. Ele afirmara que Igor e um hóspede do hotel que viera da Argentina estavam tendo um caso. Havia um número de telefone e um nome no perfil do Facebook: Paco Conrado. Helena pensou alto:

— O que isso significa? Será que Humberto realmente espancou Igor? Quem é Paco Conrado? Preciso de respostas.

Quando Igor saiu do banho, ela serviu o jantar e avisou que iria para a igreja.

— Igreja, mãe?! A esta hora, deve estar fechada.

— Temos uma missa oferecida à mãe da Maria, nossa vizinha. Você ficará bem sozinho?

— Tenho que estudar um pouco mais, pois amanhã farei a última prova e preciso tirar uma boa nota para ser aprovado. Vou para meu quarto estudar. Não se preocupe comigo.

Helena terminou o jantar, pegou a bolsa e foi até a casa de uma amiga. Precisava acessar o Facebook para descobrir quem era Paco Conrado. Janete sabia mexer no computador e poderia ajudá-la. As duas gastaram um bom tempo até conseguirem entrar no perfil do jovem argentino na rede social.

— Quem é ele, Janete? Dá para saber?

— Temos que mandar uma solicitação de amizade e esperar ele responder, mas isso pode nem acontecer.

De repente, as duas mulheres ficaram horrorizadas quando encontraram fotos do jovem ao lado de Igor. Os dois estavam de mãos dadas e sorriam nas fotos. Helena e Janete reconheceram a praia pelo hotel que aparecia ao fundo.

— O que isso quer dizer, Janete?

— Você sabe bem o que isso quer dizer, Helena. Analise as imagens e tire suas conclusões.

— Deus! Meu filho é uma aberração!

— Conheço um lugar e um pastor que podem curá-lo desse mal.

— Sou católica. Não gosto de frequentar outro tipo de religião que não aceito como séria.

— Ouvi dizer que o pastor curou o filho da Bete. Ele estava ficando muito afeminado. O rapaz andava rebolando pela rua, e o povo comentava e o descriminava. Ela o levou para o pastor para que ele desse um jeito.

— E deu certo mesmo?

— Não vejo mais o menino "soltando a franga" na rua. Ele voltou a ser um menino comportado, e os dois frequentam a nossa igreja normalmente. Vale a pena tentar, Helena. Ele é seu único filho homem. O que diria Inácio se estivesse vivo?

— Inácio ficaria decepcionado! Eu não admito que meu filho seja gay. Não aceito isso! Terei uma conversa séria com ele agora!

— É melhor deixar para depois da prova. Se isso não for verdade, você acabará prejudicando seu filho. Ele perdeu muitas aulas enquanto esteve internado no hospital, por causa daquela briga estúpida no bar do hotel.

— Meu Deus! Humberto afirmou que Igor era gay!

— Será que foi ele mesmo quem deu aquela surra em Igor?! Essa história está muito mal contada. Você afirma que Humberto é inocente, e a polícia afirma que ele é culpado e espancava sua filha desde de quando se casaram. Qual é a verdade sobre isso?

— Conheço Humberto desde seu nascimento. Ele não é mau. Já Paula... Deus que me perdoe! Ela é minha filha, mas não vale nada! Só de falar nela, fico com vontade de estrangulá-la. Graças a Deus ela desapareceu da cidade! Nunca mais quero ver essa praga que coloquei no mundo.

— Você está desinformada, Helena. Paula não deixou a cidade. Ela foi vista na praia no lado norte. Você sabe bem quem mora lá.

— Marta! Eu não tolero a presença dela! As duas são iguais! Duas desavergonhadas!

— O que fará com a casa que Paula ocupava? O imóvel pertence a você, não é verdade?

— Sim, e o salão da oficina que Humberto usava. Vou alugar tudo. Conhece algum mecânico que deseja arrendar uma oficina completa? Com uma casa confortável na parte de cima, já decorada, pronta para morar?

— Tem certeza de que Paula não levou os móveis?

— Não levou nada. Ela deixou a casa limpa e tudo coberto por lençóis. Talvez esteja esperando o dia em que poderá voltar para casa. Burra! Deixei claro que não quero vê-la nunca mais.

— Tem certeza de que sua filha é a devassa que Humberto pintou? Paula sempre me pareceu uma moça correta e fiel ao marido. O povo comenta que ele sim era mulherengo e violento com ela.

— Mentira! Ele tem seus defeitos, mas é um homem! Aponte um homem que não levanta o olhar, quando uma bela mulher passa por ele. Humberto gostava de olhar as mulheres bonitas. Ele estava tão decepcionado com Paula. A burra perdeu um marido maravilhoso! Isso chocou tanto Inácio que ele morreu de desgosto por causa da filha. Ela o matou, nunca perdoarei essa...

— Acalme-se, Helena! Você ainda tem um filho para criar! Desse jeito, seu coração não suportará a pressão. Seu rosto ficou todo vermelho.

— Veja o que meus filhos fazem comigo! Deus me perdoe, Janete, mas, se soubesse que ter filhos daria esse trabalho todo, eu não seria mãe. É só decepção! Espero que Igor não seja essa aberração que as imagens apontam. Se for, eu preferia que ele tivesse morrido nessa surra que levou.

— Não diga isso! Igor é seu filho! Você precisa correr para o confessionário para pagar a penitência pelo seu pecado, Helena!

— Pecado é ter um filho gay!

— Lembre-se do que eu lhe disse. Deixe para amanhã essa conversa com Igor. Não prejudique seu filho, Helena. Ele precisa se formar no colégio.

Helena se despediu da amiga e retornou para casa. Estava furiosa e desejava tirar satisfação com Igor, mas, quando abriu a porta do quarto do filho, viu que ele estava dormindo e que os cadernos estavam jogados ao seu lado na cama. Normalmente, Helena recolheria tudo, cobriria o filho e lhe daria um beijo na testa, mas sua grande dúvida a fez fechar a porta e tentar se acalmar orando de joelhos. Ela pedia ajuda ao santo de quem era devota, exigindo que a verdade viesse à tona.

A manhã estava chegando ao fim, quando Helena acordou de um pesadelo. Igor estranhou o fato de a mãe não ter acordado antes de ele sair para o colégio. O rapaz, então, entrou no quarto de Helena para se certificar de que ela estava bem. Não desejando acordá-la, foi direto para o colégio.

Capítulo 11

Igor terminou a prova e deixou o colégio pelo portão dos fundos. Fernando já o esperava do lado de fora e acenou quando viu o rapaz olhando de um lado para o outro como se procurasse alguém. Depois de avistar Fernando, Igor rapidamente se aproximou do carro.

— Você é Igor, o irmão de Paula?

— Sou. E você é o Fernando, o policial que me levará até ela?

— Paula deseja muito vê-lo. Podemos seguir?

— Sim. A barra está limpa.

Em dez minutos, Fernando e Igor chegaram à porta da casa de Márcia. Paula estava sentada na varanda esperando-os ansiosamente.

Quando Igor desceu do carro, o coração de Paula disparou dentro do seu peito. Ela levantou-se e aproximou-se do irmão com os braços abertos. Os dois sempre tiverem afinidade, e Paula o protegia das brigas intermináveis de Helena e de suas implicâncias.

Paula examinava a cabeça de Igor para ver se tudo estava certo com ele. Quando se viram mais calmos, Igor perguntou:

— Você está bem?

— Agora, eu estou muito bem. Precisava vê-lo, querido! Desejei tanto visitá-lo no hospital.

— Senti sua falta. Eu perguntava de você para mamãe, e ela desconversava dizendo que você estava muito ocupada. Perguntava sobre papai, e a resposta era sempre a mesma. Um dia, no entanto, uma psicóloga finalmente entrou no meu quarto e me contou sobre a morte de papai e a fuga de Humberto. Não sabia que aquele canalha havia ferido você também.

— Foi ele quem o levou para a UTI.

— Podemos dar uma volta? Preciso lhe contar uma coisa.

Os dois saíram caminhando pela praia que estava deserta. Eram três da tarde e o sol estava forte, o que fez Paula seguir até a sombra de um coqueiro. A moça limpou duas cadeiras de madeira, que Romeu colocara ali para descansar enquanto costurava a rede de pesca.

— Sente, querido. Sobre o que deseja falar? Aqui ninguém nos escutará.

— O que você fará de sua vida agora, mana?

— Eu ainda não sei. A família de Marta me deu abrigo e muito carinho, mas ainda não sei que rumo darei à minha vida. Estou em um processo de autoconhecimento, o que está me fazendo muito bem.

— Não voltará para sua casa?

— Não é minha casa, querido. Papai me emprestou o lugar quando me casei com aquele... Mamãe não permitiria que eu vivesse na casa que pertence a ela agora.

— A casa é nossa por direito, Paula.

— Querido, não estou pronta para enfrentar a ira de mamãe. Estou muito bem na companhia de Márcia, Romeu, Bruno e de Marta, minha irmã de consideração. Eles me mostraram o que é ter harmonia em um lar, o que é ter carinho materno. Márcia é uma mãe muito carinhosa e sabe cozinhar muito bem.

— Vejo que está feliz com eles.

— Como jamais estive em nossa casa ou na minha casa na companhia do canalha do meu ex-marido. Estou muito feliz. Aqui, sinto que estou protegida, acolhida e amada. Essas pessoas simples são muito sábias. Um pescador tem mais a ensinar que um professor que conhece muitas culturas. Gostaria que você pudesse vivenciar os momentos agradáveis que estou tendo ao lado dessa família maravilhosa.

— Você não sabe o quanto isso me agradaria também! Pensei que voltaria para sua casa e que eu poderia viver com você.

— Deixaria mamãe sozinha?

— Ela já é sozinha em seu mundo repleto de dogmas e afazeres. Ela me deixará.

— Por que afirmou isso?

— Paula, minha irmã amada, eu sou diferente do que você imagina.

— Eu sei. Eu sempre soube.

— Vamos deixar as coisas bem claras entre nós, pois talvez não estejamos falando a mesma língua — Igor segurou as mãos de Paula entre as suas, olhou em seus olhos, respirou fundo para tomar coragem e disse:

— Eu sou gay.

Paula sorriu para ele, aproximou seus lábios do rosto do irmão e depositou um longo beijo em sua face. Depois, ela disse:

— Eu sempre soube, querido, e o aceito como você é. Eu o amo. Você é meu irmão amado!

Ao receber o apoio da irmã, Igor ficou emocionado e abraçou Paula fortemente. Ela gemeu de dor no corpo, e Igor sorriu, diminuindo a força do abraço dizendo:

— Eu te amo, Paulinha. Imaginei que você fosse me repudiar por minha natureza. Te amo, minha irmã. Eu preciso tanto de sua ajuda.

— Hei! Eu jamais o repudiaria por ser gay! Como lhe disse, eu sempre soube disso.

— Pensei que era discreto.

— Você é muito discreto, mas eu sou sua irmã e acompanhei sua infância e adolescência. Querido, eu estou com você, mas não sei como ajudá-lo.

— Eu queria morar com você em sua casa. Ela descobrirá e me expulsará de casa com certeza. Mamãe é homofóbica.

— Talvez você esteja errado. Pelo amor maternal, talvez ela o aceite como você é.

— Paula, em que mundo você vive? Mamãe ficará possessa e me colocará na rua como um saco de lixo. E isso não vai demorar a acontecer. Humberto deve ter falado horrores ao meu respeito para ela. Ela me investiga, Paula. Sinto o olhar dela sobre meus ombros.

— Promete que virá me procurar e que não vai desaparecer no mundo, meu irmão? Tenho certeza de que a família de Marta lhe dará abrigo. Daremos um jeito em nossas vidas juntos. Afinal, somos irmãos, e deve haver alguma razão para termos nascido da mesma mãe e do mesmo pai. Não se perca, meu amado. Não suporto ficar longe de sua alegria. Você é divertido e sabe contar piadas como ninguém.

— Você gosta porque a faço rir! É por essa razão que me quer ao seu lado. Eu sabia que tinha algum interesse nessa proposta de seguirmos juntos, mana!

Os dois sorriam com as palhaçadas de Igor, quando dona Márcia chamou Paula.

— Vamos até lá conhecê-la. Você vai adorar dona Márcia. Ela é muito divertida. Aposto que nos chamou para saborear um lanche.

— Não posso ficar muito tempo. Mamãe acha que estou fazendo a última prova no colégio.

— E como foi essa prova? Você foi bem?

— Estudei e me preparei bastante. Penso que me saí bem e me formei.

— Que curso pretende fazer na faculdade?

— Gastronomia. Eu adoro cozinhar. Mas como cursar uma faculdade, se não tenho como pagar?!

— Se gosta de cozinhar, você vai adorar o tempero de dona Márcia. Estou aprendendo com ela e estou amando cozinhar. Quem sabe não montamos um bistrô, um restaurante?

— Seria maravilhoso fazer o que gostamos e ganhar nosso sustento, mas a realidade é outra. Estamos duros e não sabemos que caminho tomaremos na vida.

Márcia, que ouvira a última frase do rapaz, tornou:

— Sem tristeza! Alegria é o remédio que cura tudo. A vida os levará para onde desejarem. Basta acreditarem na força de cada um. Aprendi isso com o mentor de Marta, que é um espírito sábio e dá conselhos bons sem interferir no livre-arbítrio. Venha! Vamos nos sentar e comer um pedaço de bolo de maçã, que acabei de tirar do forno.

Fernando gostou.

— Deve estar delicioso como tudo o que a senhora faz. Sua comida é deliciosa. A senhora deveria abrir um restaurante, dona Márcia. Com tantos turistas que vêm curtir esta praia, imagine como seria movimentado.

— Eu não sei cozinhar para muitas pessoas, mas a ideia é boa. Se eu tivesse dinheiro, abriria um quiosque na frente de casa e venderia iguarias da culinária capixaba.

— A senhora ficaria rica! Esse bolo é incrível! Arrasou! — Igor elogiou.

Márcia e Paula sorriram ao ver a desenvoltura com que Igor se referiu ao bolo. E ele continuou:

— Eu venderia esse bolo na praia para os turistas. Aposto que não sobraria um só pedaço, quando eu retornasse no meio do dia. Nunca comi nada igual.

— Está saindo um projeto que pode ser lucrativo para todos — ajuntou Fernando. — As duas podem cozinhar e Igor vender os produtos na praia. Eu compraria até para levar para casa. Minha mãe adoraria, pois não sabe cozinhar nada de doces. A sobremesa lá em casa fica com minhas irmãs nos fins de semana. Por quanto a senhora venderia um bolo inteiro desse tamanho?

— Não sei. Eu teria de calcular o que gastei nos ingredientes para estabelecer um preço justo — Márcia respondeu.

— Vamos fazer as contas — disse Igor. — Estou interessado em ganhar meu próprio dinheiro.

Ficaram mais algum tempo elaborando um projeto lucrativo para os três, quando Bruno entrou na cozinha dizendo:

— Esse bolo está cheirando na praia toda. Sobrou um pedaço dele?

— Claro, filho. Estamos pensando em vender doces e salgados para os turistas na praia. O que você acha disso?

— Estou dentro! Esse negócio dá dinheiro. No verão, essa praia recebe mais e mais turistas. Se preparar um cesto, eu sairia vendendo nossos produtos agora mesmo! Papai parou o barco, e os turistas o estão rodeando para comprar peixes.

— Esse lugar não é mais o mesmo. Parece que as agências de turismo descobriram essa parte do paraíso. Acabou o sossego, dona Márcia.

— Estou cansada de tanto sossego. Um pouco de movimento lá fora será interessante e até lucrativo, Fernando.

— Temos que voltar para a cidade, Igor. Vamos?

— Adorei conhecê-los. Paula havia dito que vocês eram especiais e ela tem toda a razão. Esta casa tem algo especial: amor e respeito. Obrigado pelas horas deliciosas que me proporcionaram.

105

— Volte sempre. A porta sempre estará aberta para você. Se precisar, não fique constrangido de nos procurar. Vá na paz, filho.

Igor entrou no carro, e Fernando deu a partida. Ele olhou pelo retrovisor até que a imagem de Paula desapareceu na curva da estrada. Igor observou e notou o interesse do policial em sua irmã. O rapaz não resistiu e perguntou:

— Está interessado em Paula?

Fernando ficou constrangido com a pergunta direta e respondeu com a voz tímida:

— Ela é uma mulher interessante.

— E bonita.

— Muito bonita... mas não é apenas a beleza que me seduz em Paula. Ela é frágil e precisa de proteção. Você sabe que os homens são protetores. Ela desperta em mim o desejo de protegê-la. Não sei como aquele animal tinha coragem de espancá-la! Se eu o pego...!

— Paula sempre escondeu de nossos pais que era espancada pelo marido. Eu também gostaria de dar uma lição naquele canalha.

— Não se preocupe, Igor. Pessoas como Humberto colhem o que plantam. Ele acredita na violência como resposta para tudo, e certamente essa crença o levará para a colheita bruta. Minha experiência de vida me diz que os frutos que ele colherá serão amargos.

— Você também é espírita como a família de dona Márcia?

— Não somos espíritas, visto que não frequentamos centros espíritas, posso lhe dizer que sou espiritualista, pois creio na interferência dos espíritos entre nós.

Marta me despertou para esse lado. Ela tem mediunidade e às vezes, durante nossas rondas, ela passa recados que nos livram de perigos. Eu também tenho certa sensibilidade e às vezes tenho visões de seres de outra dimensão.

    Fernando parou o carro perto do portão dos fundos do colégio. Igor agradeceu a carona, e o policial se despediu. O rapaz passou pelo portão, atravessou o pátio e saiu novamente pelo portão da frente. Helena decidiu ir buscá-lo e foi esperá-lo diante do portão do colégio. O rapaz, ao vê-la, entrou no carro, e Helena dirigiu de volta para casa sem dizer nada.

Capítulo 12

Chegando em casa, Igor foi para seu quarto. Helena foi terminar de limpar a cozinha, quando o telefone começou a tocar incessantemente. E ela grita para Igor:

— Atenda esse telefone, Igor! Faça alguma coisa! Estou ocupada com a limpeza.

— Estou indo, mãe. Não precisa ficar nervosa e gritar.

Igor nem percebeu que a pessoa do outro lado da linha tentava disfarçar a voz. A pessoa, que tinha uma voz feminina e tentava imitar uma voz masculina, chamou por Igor, deixando-o intrigado e curioso sobre quem estaria tentando brincar com ele. O rapaz mentiu dizendo:

— Ele não está, mas pode deixar recado. Quem deseja falar com ele?

— Diga que é Paco. Paco da Argentina. Sinto muita falta de Igor e estou de volta ao Brasil. Desejo vê-lo no bar do hotel no início da noite.

— Paco, é você mesmo? Que voz estranha!

— Sou eu, garoto lindo. Venha me encontrar no hotel onde nos conhecemos.

— Quando?

— Agora. Venha rápido. Estou no quiosque da praia em frente ao hotel.

— Se isso for uma brincadeira...

— Não estou brincando. Retornei ao Brasil para levá-lo para a Argentina.

— Estou saindo de casa. Espere por mim no quiosque. Chego aí em poucos minutos.

Igor desligou o telefone e correu para trocar de roupa em seu quarto. Pouco depois, o rapaz passou por Helena dizendo:

— Preciso sair.

— Não é hora de sair, Igor. Sua saúde ainda não está totalmente recuperada.

— Estou bem. Voltarei logo.

O celular de Helena tocou. Do outro lado da linha, Janete disse:

— Ele caiu na armadilha! Quer sua prova? Siga Igor até o quiosque em frente ao hotel. Vamos ver se Humberto mentiu sobre o jovem argentino.

— O que você fez, Janete?

— Fingi ser o Paco ao telefone, e seu filho acreditou. Marcamos um encontro no quiosque. Venha ver com seus próprios olhos seu filho vasculhar o hotel procurando o argentino gay.

— Estou tirando o carro da garagem. Se eu correr, acho que chego lá primeiro que Igor. Onde você está?

— Em casa, na sacada. Vou filmar a cena, para o caso de você não chegar a tempo.

Helena desligou o celular, passou por Igor na rua lateral à praia e em poucos segundos já estacionava o carro na garagem da casa de Janete, que ficava à beira-mar. Helena atravessou a rua e se posicionou em um banco ao lado do quiosque. Igor chegou e percorreu todo o quiosque procurando Paco. Finalmente, ele perguntou ao homem que atendia no balcão:

— O senhor notou se havia aqui no quiosque um turista argentino falando ao celular?

— Não. Hoje, o movimento está fraco. Não há argentinos no hotel. Para falar a verdade, não temos hóspedes estrangeiros hoje.

— Não é possível! Paco me disse que havia ligado daqui...

Igor percebeu que Helena estava atrás dele e compreendeu a armadilha.

— Está procurando seu amigo Paco, filho?

— O que faz aqui, mãe? A senhora está me seguindo?

— Só para descobrir sua safadeza. Siga para casa de Janete! Vou pegar meu carro, e teremos uma longa conversa em casa.

Igor subiu no carro sem dizer uma só palavra, e Helena partiu. Pouco depois, mãe e filho entraram em casa. Helena começou a falar:

— Quem é Paco Conrado?

— Um amigo argentino que conheci no hotel.

— Estava com ele no dia em que foi atacado pelos turistas?

— Eu estava com ele. Cantávamos no palco do bar animadamente. Diga logo o que quer saber, mãe.

— Você e esse Paco... ele e você... você é...

— Mãe, vá direto ao assunto. O que a assusta?

— Igor, eu tive um filho macho! Eu o eduquei para ser homem!

— E sou um homem, mãe! Mas com uma orientação sexual diferente da que a senhora gostaria que eu tivesse. Eu sou gay, mãe!

— Meu Deus! Onde foi que eu errei com você?! O que deu errado em sua criação?

— Não há nada de errado comigo, mãe. Mas existe algo errado com a senhora! Homofobia é crime! Eu sou gay! É o que eu sou, mãe.

— Diga que está brincando comigo, Igor! Isso não pode ser verdade! Você está sempre rodeado de meninas.

— São minhas amigas. Eu não estou brincando. Não suportava mais esconder a verdade da senhora. Eu sou gay, mãe.

— Não repita mais essa palavra! Não vou admitir uma aberração dessas em minha casa. Vou lhe dar uma surra até que vire homem!

— A senhora tem a mente retrógrada como a de Humberto! Vamos! Pegue um pedaço de ferro e arrebente minha cabeça como ele fez! A senhora pode me matar, mãe, mas nem assim modificará o que eu sou.

— Vamos procurar o pastor da igreja que Camila frequenta. O filho dela foi curado dessa aberração.

O pastor vai curá-lo! Deus é grande e não nos abandona.

— Mãe, não há cura para isso, pois não é uma doença. Eu acabei de revelar que foi Humberto quem tentou me matar, e a senhora não teve reação alguma.

— Ele deveria ter matado você, seu...

— Quanto preconceito! Sinto decepcioná-la, mas é o que eu sou. A senhora me decepcionou! Não esperava uma resposta como essa. Preferia ver seu filho morto a aceitar que é gay?

— Prefiro! Quero que você saia desta casa! Não quero viver sob o mesmo teto com uma aberração. Eu lhe darei dinheiro para que desapareça da cidade e, se possível, do estado. Nunca mais apareça na minha frente!

— Mãe, a senhora ficará sozinha! Depois de espantar Paula de sua vida, só eu restei.

— Não me chame de mãe. Você só poderá ficar aqui, se fizer o tratamento com o pastor.

— O filho de sua amiga Camila continua sendo gay. Ele apenas disfarça perto dela. Quer ser enganada como sua amiga?

— Não! Arrume tudo o que é seu, para que eu possa levá-lo até a rodoviária. Comprarei uma passagem para Vitória e de lá você desaparecerá deste estado.

— Mãe, a senhora já tem idade e ficará sozinha! Quando ficar doente, quem cuidará de você?

— Não venha me rogar praga! Sou jovem ainda e tenho ótima saúde. Não preciso de você nem de Paula para nada. Sou mulher suficiente para me cuidar sozinha. Deveria tê-lo abortado! E Paula?! Essa, então, fez a desgraça de nascer! Eu errei, e Deus errou me mandando vocês como filhos!

— Um dia, a senhora vai precisar de nós, e não sei se teremos tempo para você. Amor se retribui com amor, mãe. Desprezo com desprezo. Os frutos que a senhora semeou serão amargos.

— Chega de me rogar praga! Arrume tudo o que é seu! Você tem uma hora para colocar tudo no carro. Ligarei para rodoviária para me informar sobre o horário dos ônibus para Vitória.

Igor desistiu de tentar fazer Helena compreender que ela espantava todas as pessoas que a amavam. Ele jogou as roupas em quatro malas grandes e pegou seu notebook e todos os documentos que lhe pertenciam. Retirou do porta-retratos uma foto em que Inácio, Paula e ele estavam sorrindo. O rapaz beijou a imagem do pai e disse:

— Eu tentei, pai. Ela escolheu ficar na solidão, e eu não posso fazer mais nada. Sinto muito.

Igor terminou de arrumar as malas e as colocou no porta-malas do carro. Helena esperava por ele no banco do motorista, sem dizer nada. Quando o rapaz fechou a porta da casa, ela tirou a chave da mão do filho e jogou na bolsa. Deu partida no carro e saiu cantando pneus.

Pouco tempo depois, Helena estacionou na rodoviária, correu até o guichê e comprou uma passagem para Vitória, entregando-a em seguida na mão de Igor, que a seguia com as malas em um carrinho. Helena informou:

— Seu ônibus partirá em uma hora. Não vou ficar aqui esperando sua partida. Leve suas malas até a plataforma cinco e não se atreva a perder esse ônibus! Nunca mais quero vê-lo novamente. Esqueça que teve uma mãe! Você foi a pior decepção de minha vida! Aberração!

— Mãe... se precisar de mim um dia, eu voltarei para ajudá-la. Eu amo a senhora, Helena Soares Abrantes. Não lhe quero mal e a perdoo.

— Cale a boca! Não pedi seu perdão, miserável. Depositei uma boa quantia em sua conta no banco. Aqui está o dinheiro para as despesas da viagem. Adeus!

Igor pegou o dinheiro e, enquanto colocava a quantia no bolso, ficou olhando Helena desaparecer na rodoviária. Depois, posicionou-se ao lado do guichê, esperando alguém que desejasse comprar uma passagem para Vitória. Não demorou muito, e um homem comprou a passagem de Igor.

Ele pegou o dinheiro e em seguida procurou o cartão de visitas que Fernando lhe entregara. Pegou o celular e ligou para o policial pedindo-lhe uma carona.

Igor estava muito triste e faminto. Enquanto esperava Fernando, o rapaz entrou em uma lanchonete e comprou um sanduíche. Meia hora depois, Fernando chegou, colocou as malas de Igor no carro e seguiu para a casa de Marta.

Capítulo 13

Helena ficou parada em uma esquina esperando o ônibus passar. Ela permaneceu no carro com os olhos bem atentos aguardando o veículo deixar a cidade, envergonhada por ter um filho gay. Queria ter a certeza de que Igor deixaria a cidade, para evitar os comentários desagradáveis do povo.

Depois de um pouco mais de uma hora, o ônibus finalmente surgiu dobrando a esquina. Como sabia em que poltrona Igor estaria, Helena ficou ainda mais atenta. Os vidros do ônibus eram escuros, o que dificultava a identificação dos passageiros. Ela pôde ver que a poltrona comprada para Igor estava ocupada e não teve dúvidas de que era ele. Sentindo-se aliviada, ligou o carro e retornou para casa e para seus afazeres. Quando ficara viúva, Helena deixou de trabalhar como garçonete na lanchonete. Inácio administrava as despesas da família, e ela se informara no banco que dispunha de uma boa quantia em dinheiro. Além disso, decidira alugar a oficina mecânica onde Humberto trabalhava e a casa onde ele e Paula viviam. Com esse dinheiro, conseguiria viver tranquilamente.

Chegando em casa, Helena abriu a porta do quarto de Igor. As portas do guarda-roupa estavam abertas, e não restara nele uma só peça de seu filho. Ela recolheu um edredom que estava caído no chão, um CD que ele esquecera sobre a cômoda e o porta-retratos vazio. Helena deslizou o dedo sobre o vidro do porta-retratos e disse:

— Os dois homens que mais amei nesta vida morreram! Não sentirei falta de você, Igor! Você me envergonhou e me decepcionou profundamente. Meu menino morreu e em sua pele nasceu uma aberração no corpo de um homem. Prefiro imaginar que meu Igor morreu junto com Inácio.

Helena não notava, mas ao seu lado os espíritos de duas mulheres, que comungavam da mesma forma preconceituosa de pensar, a consolavam, falando em sua mente. Helena registrava as frases como se fossem suas, e uma raiva ainda maior de Igor e Paula brotou nela. Estava muito constrangida por seus dois filhos não terem dado certo na vida. Paula era um desastre e ainda acusava o marido de espancá-la, mas a realidade é que ela vivia caindo e se ferindo sozinha.

O outro era alegre. Sua alegria era extravagante a ponto de ele se perder e se tornar uma aberração afeminada.

Helena terminou de arrumar o quarto e foi para a cozinha tentar se alimentar um pouco. Resolveu fazer uma sopa, pois precisava se ocupar com alguma coisa. Depois que colocou a sopa no fogo, passou a limpar a casa. "Vou dispensar a diarista. Ela não fazia nada direito mesmo. Não preciso mais dela", pensava Helena.

A noite caiu, e Helena continuava limpando a casa, quando a campainha soou alta em seu ouvido. Tudo o que ela não desejava naquele momento era uma visita. Estava chateada e ainda estava sob a influência da vibração negativa e densa dos dois espíritos que conturbavam o ambiente doméstico. Tais divisões de energia deixavam os espíritos renovados e Helena esgotada de suas forças.

Contrariada, ela olhou a câmera de vigilância e acionou o botão para abrir o portão. Em seguida, se posicionou na frente da porta da sala, esperando Janete se aproximar.

— O que aconteceu, Helena? O que você fez com seu filho?

— Oi, Janete. Que filho? Tive um filho que morreu faz algum tempo. Não sei a quem você está se referindo.

— Ignorar a existência de Igor não resolverá o problema. Onde ele está?

— Eu já disse que não tenho filho. De quem você está falando, Janete?

— Você está estranha, mas eu compreendo. Teve um choque quando confirmou que Igor é gay. O mesmo

117

aconteceu com a Camila. Sabia que até hoje ela fica nervosa quando alguém comenta sobre o deslize do filho?! No entanto, ela conseguiu. O garoto virou homem e até está namorando a Vanessa, a filha de uma vizinha da Almerinda. Podemos marcar o encontro com o pastor amanhã. O que acha?

— Não há necessidade desse encontro.

— Não fará nada para ajudar seu filho? Ficará olhado todos os seus amigos rirem dele?! Como frequentará os eventos sociais em nossa comunidade?

— Cale a boca, Janete! Saia de minha casa. Igor não me envergonhará pela cidade, pois não vive mais aqui. Eu o coloquei em um ônibus para Vitória. Não quero mais ouvir ou tocar nesse assunto. Me deixe em paz, Janete. Vá cuidar de sua família. Todos os fins de semana, sua filha anda se esfregando com os turistas, e você finge que não vê. Cuide dela antes que apareça grávida ou com uma doença grave.

— Ficou louca?! Como se atreve a enlamear o nome de minha filha?! Você foi uma péssima mãe, e nossa amizade termina aqui! Eu tentei ajudá-la! Espero que todas as suas amigas lhe virem as costas, pois você é uma pessoa intragável. Plantou a solidão? Agora colha! Você morrerá sozinha! Se precisar que lhe sirvam um copo de água, você não terá quem lhe dê. E não adianta aparecer em minha casa amanhã pedindo desculpas por suas grosserias, pois não aceitarei. Já suportei demais seu mau gênio. Sua ingrata mal--amada, solitária e infeliz!

Janete saiu pisando firme, e Helena parecia alheia às ofensas que ouvira. Ela apenas escutava o pensamento que imaginava ser seu: "Não preciso de ninguém.

Estou melhor sozinha. Melhor deixar essa bisbilhoteira longe de mim. Quem precisa de uma amiga como Janete? Fofoqueira! Preciso terminar a faxina na casa. Tenho de retirar todo o pó. Ninguém mais entrará nesta casa. Não quero um grão de areia trazida nas sandálias de pessoas ingratas e fofoqueiras! Tenho dinheiro e, se precisar de enfermeiras para cuidar de mim, pagarei pelo serviço.

Fazia algum tempo que os dois espíritos, ligados a Helena por afinidade de pensamentos, a assediavam. Irina e Alzira deixaram seus corpos físicos havia tanto tempo que não recordavam como era carregar o peso de um corpo carnal. Irina fora uma religiosa do velho convento da Penha, em Vila Velha, e Alzira era uma das noviças. Quando estavam vivas, sempre estavam juntas e assim permaneceram depois do desencarne.

Irina era dona de grande altivez, severa com a educação de seus alunos e acreditava estar sempre certa. Alzira tinha muita afinidade com Irina e desejava ser como ela: rígida e controladora. As duas desencarnaram de uma forma trágica e permaneceram juntas, esperando que algo de surpreendente ocorresse e que as duas fossem levadas para um paraíso celestial junto com Jesus e os santos que elas veneravam. No entanto, nada de espetacular aconteceu, e elas ficaram na Terra. Os espíritos que socorrem aqueles que desencarnam convidaram as duas para segui-los e deixarem este pequeno planeta azul. Irina não gostou da proposta, pois queria ver os anjos tocando clarinetes, o céu se abrindo e a voz de Deus chamando por ela, afinal ela dedicara sua vida à oração e abnegação, doando-se aos mais infortunados, e merecia ser levada ao céu com grande ventura. Ela, então, se negou a acompanhar uma amiga de infância que viera buscá-la com todo carinho e respeito. Alzira, por sua vez, se negou a acompanhar uma prima que estava ao lado da amiga de infância de Irina. Assim, por não intervirem no livre-arbítrio, os espíritos socorristas deixaram as duas para que, depois de passarem por necessidades, pedissem ajuda humildemente e fossem levadas para um lugar de refazimento espiritual. Isso, no entanto, não aconteceu por teimosia das duas.

Irina e Alzira passaram a se aproximar de pessoas com quem tinham afinidade de pensamento. Irina gostou de Helena e sentiu ao seu lado uma energia compatível. Helena estava na igreja orando, quando Irina e Alzira se aproximaram. Elas haviam sido afastadas de uma mulher cujas energias elas sugavam. A mulher não suportou o peso em seus ombros, tamanha a carga de negatividade e, mesmo sendo católica, foi procurar ajuda em um centro umbandista. Irina e Alzira receberam intimações fortes para deixarem a mulher em paz. Elas, então, foram deixadas na igreja e foram atraídas por Helena por seu modo fervoroso de orar dobrando os joelhos.

Já fazia algum tempo que Irina e Alzira estavam na companhia de Helena. As duas ditavam frases na mente da obsidiada, que as registrava como suas. Temendo que Paula se tornasse uma mulher separada do marido, Irina impedia Helena de perceber a verdade sobre o espancamento da filha. Quando ela descobriu que Igor era homossexual, as duas se uniram na mesma indignação de Helena e a incentivaram a expulsar da cidade o jovem pecador, fazendo-o pagar por seu comportamento inaceitável.

As três formavam um trio e pareciam estar vivendo no início do século 19. Eram mentes retrógradas afins com energias em um nível denso e negativo. Uma supria a necessidade da outra. Fazia sete anos que os dois espíritos conduziam Helena por afinidade, o que a deixava cansada e com alguns problemas de saúde. E, quando se viu sozinha, Helena foi ainda mais manipulada pelas duas religiosas exacerbadas.

Capítulo 14

Igor chegou à casa de Márcia, quando a noite caía. Algumas lágrimas insistiam em rolar por sua face, e Fernando tentava alegrá-lo contando piadas. Igor, no entanto, ficara calado durante todo o trajeto. Quando Fernando estacionou o carro na frente da casa de Márcia, Igor preferiu ficar um pouco mais no veículo. Não queria chorar diante dos amigos.

Fernando entrou na casa pela lateral e chegou à cozinha aberta que ficava nos fundos. Paula e Márcia preparavam o jantar, e Bruno estava alegre e apressava as duas por estar com fome. As duas brincavam com ele, oferecendo-lhe alimentos que não estavam cozidos.

Fernando bateu palmas para anunciar sua presença, e os três olharam na direção do policial. Paula foi cumprimentá-lo animada. Márcia convidou-o para sentar-se e esperar o jantar. Bruno disse:

— Tem que ter paciência. Essas duas estão lentas para cozinhar hoje. Estou faminto, e não sai nem um pãozinho para matar minha fome. Você está com fome?

— Não tenho o mesmo apetite que você, que está saindo da adolescência, mas esse cheiro de comida está abrindo meu apetite.

— Então espere um pouco mais. Estou preparando torresmo e um caldinho de feijão. Daqui a pouco, Marta chegará, e jantaremos todos juntos.

— Dona Márcia, é melhor reservar mais um lugar à mesa. Trouxe um hóspede.

— Quem?

— Paula, se prepare. Seu irmão foi expulso de casa.

— Ele está aqui?

— Preferiu ficar no carro. Queria chorar sozinho.

— Sabia que mamãe não aceitaria Igor quando descobrisse que ele é gay. Isso é triste! Mamãe ficou sozinha.

— Sua mãe tem muito a aprender. A vida é sábia e sabe ensinar quem não aceita a verdade.

— Desejei que ela abrisse os olhos para o que estava semeando para seu futuro. Solidão é algo doloroso, quando não estamos preparados para ficar só. Todos os dias, eu agradeço a Deus por ser recebida nesta casa e estar com vocês. Esta família é abençoada! Aqui, encontrei carinho, respeito e muito amor. Se a senhora puder receber meu irmãozinho,

123

lhe agradecerei do fundo do coração. Nós não temos para onde ir.

— Esta casa sempre estará de portas abertas para vocês, querida. Traga seu irmão para a cozinha. Ele ficará no quarto de Bruno com você, e Bruno dividirá o quarto com Marta. Leve as malas de Igor para cima, filho, e leve suas roupas para o quarto de Marta. Todos nós ficaremos confortáveis nesta casa. Pena que não tenho mais quartos para todos ficarem mais à vontade.

Paula se aproximou de Márcia e a abraçou, beijando-a na face, e fez o mesmo com Bruno, agradecendo-lhes pelo acolhimento carinhoso. Fernando comentou:

— Eu não vou ganhar um beijo? Também ajudei trazendo Igor!

Todos sorriram, e Paula abraçou Fernando, beijando-o delicadamente no rosto. Ele, por sua vez, sentiu seu coração disparar dentro do peito e um leve tremor agitar seu corpo. Sentia por Paula uma forte atração e tentou disfarçou para ela não perceber seu estado. Ela falou perto do ouvido de Fernando:

— Obrigada, Fernando. Você é um amor. Não sei como agradecê-lo.

— Encontrarei um modo. Não se preocupe, minha branquinha.

Paula ficou corada ao ouvir as últimas palavras de Fernando e disfarçou dizendo:

— Vou até seu carro falar com Igor.

Márcia e Bruno se entreolharam compreendendo as intenções de Fernando. Paula se afastou pela lateral da casa, e Fernando comentou:

— Essa garota mexe comigo. Ela é tão bonita e me parece desprotegida.

— Mãe, tem alguém aqui muito apaixonado! — Bruno se divertia brincando com Fernando.

— Formam um par perfeito. Só não estrague o aprendizado de Paula. Essa moça tem que colocar sua força para fora e saber fazer suas próprias escolhas. Ela não se conhece ainda. Não lhe fará bem sair do comando do marido e seguir para seus braços, como se mudasse apenas de comando. O mentor de Marta me explicou direitinho o que será melhor para Paula. Eu a estou ensinando a cozinhar, fazendo-a provar sabores e ampliando seu paladar. Permito que ela escolha os temperos que ficam melhor para cada alimento e a incentivo e elogio quando acerta — Márcia considerou.

— A senhora é uma mãe maravilhosa! Sem desmerecer minha mãezinha, que também é uma diva!

— Não elogie muito ou essa neta de indígenas se sentirá a chefe desta tribo — brincava Bruno.

— Na tribo, menino falador é colocado para caçar jacarés à beira do rio. Faça a mudança de quarto antes que eu...

— Estou correndo para lá, cacique Márcia! Espero que Marta não me expulse, quando sentir o cheiro do meu tênis.

Bruno deixou a cozinha, e Fernando continuou brincando com Márcia.

Paula ficou parada ao lado do carro esperando Igor abrir a porta do veículo. O rapaz estava chorando, e ela olhava para o irmão com o coração apertado. Depois de limpar o nariz e secar as lágrimas, Igor desceu do carro e abraçou Paula dizendo:

— Não gosto de chorar na presença de outras pessoas. Que bom receber esse abraço. Não sabe o quanto eu estava precisando disso, maninha.

— Meus braços estarão sempre abertos para você se aninhar neles, meu querido. Sei que deve ter ouvido palavras duras de mamãe, mas esqueça tudo o que ouviu. Você é uma pessoa maravilhosa e merece respeito e carinho. Estou ao seu lado, meu irmão. Agora seremos somente nós dois. Sei que formamos uma família pequena, mas ela crescerá.

— Não queria incomodar a família de Marta, mas não tive escolha. Enquanto fazia o trajeto para a rodoviária, só me lembrava do convite de dona Márcia para não me constranger em procurá-los. Mamãe pensa que estou a caminho da capital. Prefiro que pense que estou longe da cidade.

— Melhor assim, meu querido. Nós vamos recomeçar nossas vidas de alguma forma. Vamos encontrar nosso caminho, e lhe prometo que seremos felizes.

— Estou preocupado com mamãe, Paula. Ela não anda muito bem de saúde. Estava se queixando de dor nas articulações e nas pernas. Espero que fique bem.

— Também espero. Agora, vamos entrar. Bruno está desocupando o quarto dele para nos hospedar com mais conforto. Essa família é incrível. Eles têm algo que nunca tivemos em casa: amor e companheirismo, sem falar no respeito com que se tratam. Estou aprendendo muito com eles. São pessoas mais humildes financeiramente, no entanto têm muito para dividir.

— Não quero dar trabalho a eles. Assim que conseguir um pouco mais de dinheiro, vamos procurar uma casa para alugar — Igor prometeu.

— E como pretende arrumar mais dinheiro?

— Trabalhando. Mamãe foi generosa quando me colocou para fora da cidade. Fez um bom depósito em minha conta bancária. Nossa sorte era que papai mantinha uma caderneta de poupança para nós desde quando nascemos. A sua, inclusive, deve estar mais gordinha que a minha.

— Não tenho dinheiro, Igor. Por todos esses anos, essa poupança foi minha única fonte de renda. Humberto não colocava dinheiro em casa. Ele vivia se queixando de que a oficina dava prejuízo, mas sei que ele gastava com mulheres.

— Não vamos falar desse animal homofóbico, Paula. Mas francamente, lindinha, que bofe decadente você arrumou! — brincava Igor, para espantar o clima pesado que se formava. Vamos enterrar esse bofe que está morto para nós.

— Tem razão! E bofe morto não volta! Bem, vamos pegar suas malas e dar um passo firme para esta casa! Será um recomeço para os Soares Abrantes.

— Estou sentindo um cheiro delicioso de comida sendo preparada. Feijão e torresmo com arroz branco?

— Como sabe o que dona Márcia está preparando?

— Meu olfato distingue muitos aromas. Nós nos alimentamos com o olfato, com o olhar e depois com o paladar. Tenho planos de montar meu restaurante depois de me formar no curso de gastronomia. Amo cozinhar, Paulinha.

— Eu também sinto esse prazer quando cozinho. Estou aprendendo muito com dona Márcia.

— Vamos ganhar dinheiro vendendo sanduíches na praia para os turistas. Olhe à sua volta! Este lugar é um paraíso tropical. Quando estive aqui visitando você, a praia estava repleta de turistas. Faremos nossa fortuna. É daqui que vamos tirar dinheiro para pagar minha faculdade e nosso sustento. Não quero explorar essa família.

— Ideia maravilhosa! Podemos usar a cozinha dos fundos. Teremos tudo de que precisamos lá — Paula abraçou Igor, deixando cair as malas no chão. Ela disse: — Você é maravilhoso, meu irmão. Eu te amo demais!

Notando que os dois demoravam para entrar na casa, Fernando apareceu e apreciou o caloroso abraço dos irmãos. Ele pensou: "Queria ser eu a receber esse abraço delicioso! Essa mulher me deixa fascinado com tanta beleza. Esses cabelos loiros, esses olhos verdes...! Ela é meu desejo na pele".

Fernando se aproximou para ajudar a carregar as malas de Igor. O policial retirou das mãos de Paula duas malas pesadas e um violão que estavam pendurados em suas costas.

— Deixe-me ajudá-la. Você não tem tanta força nos braços para carregar essas malas e subir a escada.

— Obrigada, Fernando. Não tenho mesmo essa força. Não vejo a hora de Marta retornar do trabalho. Temos muito para conversar. Igor me deu ideias boas para darmos o primeiro passo.

— Também sou um bom conselheiro. Podem falar comigo. Se não puder ajudar, também não atrapalho.

— Vamos esperar Romeu e Marta. Quando todos estiverem reunidos, exporemos os planos de Igor.

— Romeu está no mar e talvez não retorne para casa esta noite.

— É uma pena, pois tive ideias que dependem da aprovação dele. Estranhamente, minha cabeça está repleta de ideias para nosso futuro.

— Espero que esteja com os pés no chão. Sem grandes sonhos, Paulinha.

— Não se preocupe. Estou pensando em algo fácil de concretizar. Tenho meus pés no chão. Sei que é preciso começar pelo alicerce.

Fernando e Paula estavam em frente ao quarto de Bruno, que saía com suas roupas depois de esvaziar rapidamente seu armário.

— Eu o ajudo a colocar as roupas no armário de Marta. Vou tirar minhas roupas e deixar tudo arrumado para você.

— Não precisa. Eu mesmo colocarei no armário dela.

— Bruno, deixe-me ajudá-lo. As mulheres não gostam de armários com roupas caindo dos cabides e gavetas com roupas expostas. Não vamos deixar Marta irritada. Organização, certo?

— Tem razão. Eu sou um pouco desorganizado com essas coisas.

Foi a vez de Igor se desculpar por tirar Bruno de seu quarto:

— Será por pouco tempo, Bruno. Não quero incomodá-lo por um longo período. Eu lhe agradeço por isso.

— Disponha! E não precisa ter pressa. Eu e Marta dividimos o mesmo quarto desde a infância. Faz apenas cinco anos que reformamos a casa. Estava com saudade de ficar com aquela resmungona ao meu lado. Ela fala dormindo, e são engraçadas as coisas que ela diz.

— É verdade. Marta fala dormindo e às vezes acorda dando gargalhadas. Outras vezes, a vejo conversando com alguém que não está no quarto.

Marta subiu a escada nesse momento dizendo:

— Eu não falo sozinha, falo com meu mentor — ela cumprimentou Igor e Fernando e avisou: — Mamãe está nos chamando para jantar. Papai chegou mais cedo hoje. Vamos. Parece que temos muito para conversar.

— Não estranhe, Igor. Marta tem os sentidos apurados. Sabe que desejamos conversar com ela.

— Essa mulher sabe de tudo! Não é fácil trabalhar ao lado de uma sensitiva como ela. Caçar fugitivos fica fácil, quando ela aponta para a direção em que eles foram — disse Fernando.

Depois de organizarem rapidamente os quartos, todos desceram para o jantar.

Capítulo 15

Durante o jantar, Paula e Igor começaram a expor uma ideia para obterem dinheiro.

— Podemos vender sanduíches para os turistas na praia. Parece-me que, por ser mais afastada do centro de nossa pequena cidade, essa praia se tornou ponto turístico. Não perceberam como está mais movimentada?

— Isso é verdade. Ultimamente, a praia tem estado lotada — disse Bruno completando: — As gringas são lindas!

— Filho, estamos tendo uma conversa séria! Sabemos que as mulheres estrangeiras o agradam. Fique em silêncio, por favor.

— Desculpe. Somente lembrei de um detalhe que estava sendo esquecido por vocês.

Todos riam de Bruno e de seu jeito espontâneo de se expressar. Sorrindo, Fernando olhou para Paula e disse:

— As loiras são as mais belas e agradam os negros como eu.

Todos ficaram em silêncio, e Igor, notando que Paula ficara corada, não se conteve.

— Pressinto que rolou um clima de romance nesta mesa. Existem aqui lindas morenas também, para fazemos justiça às outras mulheres.

— Desculpe. Adoro morenas, mas as loiras me fascinam.

— Minha irmã é realmente uma mulher bonita, mas o foco aqui é encontrarmos uma forma de ganhar dinheiro. Minha ideia é fazer sanduíches de boa qualidade e vender para os turistas.

— Eu tenho uma ideia melhor. Estou cansado de ver meu galpão ficar cheio de turistas que desejam usar o banheiro, trocar de roupa ou ficar na sombra para se alimentar com as guloseimas que trazem nas cestas de piquenique. Sugiro que reformemos o galpão e criemos uma área para descanso, com uma lanchonete, banheiros e área com duchas para banho. Enfim, um lugar agradável, rústico e aconchegante.

— A ideia é ótima, senhor Romeu, mas não temos capital para fazer tudo o que disse.

— Não é tão difícil assim, Igor, e não me chame de senhor; me chame apenas de Romeu. Faremos tudo com pouco investimento. As mesas e as cadeiras eu mesmo farei com as madeiras que tenho guardadas no galpão, e podemos fazer as divisórias para os banheiros com garrafas antigas, que estão estocadas no fundo do galpão. Basta lavá-las, e teremos paredes diferentes de grande beleza. Precisamos de copos, algumas panelas e uma chapa para colocarmos sobre o fogão à lenha que construirei. Rústico e agradável para os clientes.

— Ele tem razão. Se usarmos a imaginação, não ficará muito caro. Amanhã mesmo, passarei na prefeitura para descobrir como tirar a licença para esse empreendimento. Depois de tudo regularizado, faremos parcerias com os hotéis da cidade e até mais distantes. Esse negócio será um sucesso!

— Imaginei vender sanduíches na praia com uma cestinha pendurada no braço. Vocês pensaram em montar um restaurante com conforto para todos os turistas. Estou confiante. Eu e Paula entraremos com nossas economias, pois tenho uma boa quantia para investir. Compraremos toalhas para as mesas, talheres, pratos, travessas, tudo de que um restaurante precisa. Venderemos do salgadinho para as crianças até os pratos mais sofisticados do cardápio que Márcia e Paula montarão.

— Acabamos de expandir nosso empreendimento. Um restaurante! Esse sempre foi meu sonho. Ter um restaurante aqui nesta praia! Mas como realizaria esse sonho, se a praia era deserta! Eu serviria aos indígenas que vivem nas redondezas?

— Os indígenas também podem ter uma fonte de renda. Artesanato indígena é lucrativo, pois os gringos adoram. Podemos falar com eles. Venderemos os itens em um cantinho do restaurante reservado para artesanato. Lá também poderíamos vender doces e compotas — disse Bruno. — Mamãe faz compotas deliciosas.

— Então, quero todos aqui amanhã bem cedo. Vamos aproveitar o sábado para começar nosso trabalho no galpão. Não podemos perder tempo. Estamos próximos do fim do ano, e os turistas já estão chegando. Faremos uma linda festa de *réveillon* com queima de fogos. Minha velha, ficaremos ricos! — Romeu concluiu animado.

— Papai está empolgado, sinal de que esse empreendimento dará certo. Quando todos acreditam em algo e trabalham com afinco pelo mesmo ideal, as forças do universo dispõem as bênçãos em nosso favor. A energia gira, e nós no tornamos um polo atrativo para o dinheiro que faremos circular.

— Seu mentor falou algo a respeito? Estou curiosa para saber a opinião de João Pedro.

— Ele sorriu e disse que não deve interferir nos empreendimentos terrenos, mas deixou um lembrete: "Se cada um tiver bom senso e cabeça boa, não tem como dar errado. Na alegria e na harmonia, todos trabalham em comunhão com o Pai Maior". Esse foi o recado de João Pedro — Marta comunicou.

— Agradeço esse amigo que a espiritualidade nos trouxe. Sinto que nossas vidas daqui para frente se transformarão. Abençoada seja esta família que nos recebeu aqui com tanto carinho. Juntos, nós teremos progresso em todos os setores de nossas vidas.

Paula estava emocionada, quando terminou de dizer essa frase. Ela se levantou e foi lavar a louça que estava sobre a pia. Gentil, Fernando fez o mesmo:

— Deixe que eu a ajudo. Terminaremos rapidamente. Está fazendo uma noite quente e agradável para ver as estrelas. Você gostaria de me acompanhar até a praia mais tarde?

— Claro! Adoro apreciar o céu à noite. Mas é melhor que não percebam que nos afastaremos da casa...

— Por que deseja manter em segredo um passeio tão inocente? Minhas intenções são as melhores.

— Você me deixa corada de vergonha! Vamos terminar de lavar a louça! Depois, saímos discretamente um de cada vez.

Igor, Marta e Bruno subiram para terminar de ajeitar os quartos. Márcia e Romeu foram descansar um pouco na sala e assistir ao jornal da noite e à novela, que estava em seus capítulos finais. Paula e Fernando ficaram sozinhos na cozinha.

— Eles nos deixaram sozinhos aqui!

— Está com medo?

— Não tenho medo de você, Fernando. Você é um amigo que considero muito bem.

— Sabe que não quero ser apenas seu amigo, não sabe? Sinto uma atração muito forte por você, Paula. Tenho vontade de acariciá-la e protegê-la de todo mal que a vida pode lhe fazer.

— Você se impressionou com as marcas roxas em meu rosto, não foi? Não sei como pode me achar bonita com o rosto ainda inchado e marcado desta forma.

— Você é linda, Paula. Uma loirinha que mexe com o negão de uma forma estranha. Tem preconceito de cor?

— Não! Você tem uma beleza que me desperta o desejo de beijá-lo. Ah, esse lindo sorriso aberto...

Não deveria, mas estou sentindo uma grande atração por você. Isso parece loucura! Não deveria me envolver com um homem nunca mais. Essa foi minha promessa. Marta me disse que eu estava errada e que amaria novamente.

— Ela estava certa? Você está amando? Diga que fui eu quem despertou esse sentimento tão bonito! Quero muito ser seu escolhido, porque eu escolhi você, loirinha.

Paula terminou a louça e ficou de frente para Fernando. A moça sorriu, afirmando com um gesto de cabeça. Fernando, então, não resistiu e beijou os lábios de Paula com delicadeza. O beijo mexeu violentamente com o corpo de ambos. Com desejo e não querendo assustar Paula, Fernando se afastou respirando fundo. O policial tomou um pouco de água gelada e levou Paula para caminhar na praia.

A lua estava grande sobre o mar, desenhando um tom prateado nas ondas. Os dois caminhavam de mãos dadas em silêncio até que Fernando perguntou:

— Quer ser minha namorada?

— Imaginei que ninguém mais pedia uma garota para namorar!

— Sou do século passado e estou apaixonado por você, Paula. Quero um compromisso, e namorar é o primeiro passo. Não quero apenas uma aventura, pois não sou mais um garoto. Quero ter uma história de amor para contar aos meus netos. Chega de aventuras com moças inconsequentes. Você desperta esse sentimento mais sério em mim. Estou apaixonado por você, Paula.

— Também sinto algo especial por você, Fernando. Estou saindo de um casamento desastroso e não sei se estou preparada para assumir um relacionamento sério com outra pessoa agora. Eu me sinto muito fragilizada ainda devido a tudo por que passei.

— Nunca vou feri-la, Paula. Apesar de ser policial e usar a força para prender bandidos, não sou um homem bruto. Sei respeitar uma mulher delicada. Prometo não magoá-la. Serei paciente e um dia quero ouvir de seus lábios que também está apaixonada por mim.

— Terá que ter muita paciência comigo, Fernando. Há feridas que são difíceis de cicatrizar e que precisam de tempo para isso.

— Eu serei seu remédio. Diga que temos um compromisso. Não sabe o quanto ficaria feliz. Vamos iniciar uma nova página em nossas vidas. Quero muito estar ao seu lado.

— Sou uma pessoa insegura, Fernando. Marta me disse que preciso me conhecer e aprender a fazer escolhas sozinha. Então... eu escolho ser sua namorada. Essa será minha primeira escolha séria, e saiba que estou passando por cima de muitas promessas e juramentos. Vivendo com essa família, descobri que tenho direito à felicidade. Você me deixa feliz. Estar ao seu lado é agradável. Seu olhar queima meu corpo por dentro.

Fernando abraçou Paula e a beijou nos lábios repetidas vezes, deslizando a mão suavemente até sua cintura.

Capítulo 16

No dia seguinte, os preparativos para montar o restaurante tiveram início. Bruno, Igor e Romeu limparam o lugar, retirando redes de pesca e outros materiais que Romeu guardava ali. Encontraram garrafas de vidro em grande quantidade e tiveram ideias econômicas para montar o balcão de atendimento e as divisórias dos banheiros masculino e feminino. As mesas seriam feitas com a madeira que estava estocada no alto, próximo ao telhado que era de sapê. Tudo ali era feito de madeira rústica extraída de troncos de árvores.

Igor e Bruno lavavam as garrafas, enquanto Romeu montava a parede, unindo as garrafas de vidro com um pouco de cimento.

— Essa parede ficou muito bonita e aproveita bem a luz do sol. Acabei de ter uma ideia! Podemos formar desenhos nas outras paredes com garrafas de outras cores. O que acham?

— Aprovo sua ideia, Igor. Desenhos com tema do mar ficarão incríveis. Consegue fazer isso, pai? — Bruno questionou.

— Faça o desenho como guia, e eu reproduzo na parede. Nosso restaurante será único em todo o estado do Espírito Santo.

Os três desenharam alguns temas náuticos, e Romeu começou a reproduzi-los na parede de vidro. Por fim, decidiram mudar as paredes de madeira que estavam velhas e as refizeram de vidro.

Marta e Fernando foram comprar o material que faltava na cidade, e, horas mais tarde, os caminhões chegaram para entregar o que fora comprado na casa de Márcia.

Com o passar das semanas, Marta e Fernando começaram a perceber a aflição dos amigos quando ouviam o som de carros se aproximando. O mesmo acontecia quando a praia estava repleta de turistas. Os dois irmãos tentavam se esconder para não serem reconhecidos. Marta, então, chamou os dois para uma conversa:

— Até quando se comportarão como fugitivos? O que fizeram de errado?

— Nada! Por que está perguntando isso? — quis saber Paula.

— Qual o motivo de vocês desaparecerem discretamente, quando alguém vem entregar o material de construção? Por que usam chapéus de abas grandes e óculos de sol que cobrem quase o rosto inteiro? O que temem? De quem estão se escondendo?

— Pensei que não tinha notado... Não desejo que minha mãe saiba que não deixei a cidade. Tento me esconder das pessoas, para não gerar comentários que possam chegar aos ouvidos dela. Seria desagradável ser expulso novamente desta cidade — Igor respondeu.

— Eu tenho a mesma preocupação que Igor. Evito ser vista para que ela não saiba onde estou e não conte para Humberto. Tenho medo de que ele apareça para terminar o que prometeu fazer: nos matar — Paula concluiu temerosa.

Fernando ficou indignado e respondeu:

— Jamais permitiria que aquele marginal se aproximasse de você novamente. Não se preocupe, Paula. A polícia está atrás dele.

— Pelo que percebi, Helena ainda exerce grande influência sobre vocês dois. Digam-me... Por que dão tanto poder a ela? — Marta questionou.

— Ela é nossa mãe! Talvez seja coisa de infância... respeito... Eu não sei explicar... — Igor levava a mão aos cabelos.

— Calma, vamos analisar o que sentem por Helena. Sou João Pedro e quero mostrar-lhes que o tempo passou e que vocês não são crianças. Helena nada mais pode fazer para prejudicar vocês dois. Não deem esse poder a ela, pois assim vocês ficam enfraquecidos. O que passou ficou para trás. Retirem Helena do comando de suas mentes. Vocês são indivíduos com o poder absoluto. Quando nos colocamos nas mãos de outras pessoas, nós nos tornamos fracos. Ninguém tem o direito de conduzir a vida de vocês. Quero vê-los fortes. Naturalmente, vocês podem permitir que pessoas do passado façam parte de suas vidas, mas compartilhando da alegria e do bem-estar de ficarem lado a lado com vocês. Devido ao papel de mãe que Helena tem em suas vidas, vocês permitiram que ela tivesse força sobre vocês dois. Assumam suas vidas. Ela não pode fazer mais nada. Vocês são adultos e capazes de cuidar de si mesmos. São senhores absolutos de suas escolhas.

— Eu ainda amo mamãe.

— Não disse para deixarem de amá-la, mas que, para se tornarem adultos e pessoas independentes, vocês não precisam de apoio materno.

— Tem razão. Eu tenho a impressão de que mamãe está falando em minha cabeça o tempo todo. Até vejo seu olhar de reprovação — Igor revelou.

— Eu sinto o mesmo que Igor. Como posso, então, me libertar desse controle absurdo que criei?

— Assumindo sua vida e principalmente manter uma ordem mental. A mente é repleta de gavetas, onde são arquivadas todas as lembranças e arquivado tudo o que aprenderam. Limpe as gavetas, organize as lembranças, seja o grande administrador de sua mente. Não permita que tomem conta dela. Existem muitos espíritos que sugam suas vítimas dessa forma, controlando os pensamentos e sugando a energia das pessoas. Esses espíritos, inclusive, são capazes de acabar com a saúde das pessoas e até as levarem à loucura. É importante vigiarem sempre e orarem para ficar com a vibração melhor. Mas orem com alegria, agradecendo sempre ao Criador.

— Precisamos parar de nos esconder. Essa resposta que estamos dando para a vida não nos trará as coisas boas de que precisamos ou as coisas que almejamos.

— Estão começando a compreender o que lhes estou querendo ensinar. A vida responde sempre através de suas escolhas. Esconder-se, temendo a difamação alheia, não é uma boa escolha. Entendam que vocês atraem o que temem. O caso é de polos afins, isso é energia. Se vocês temem algo, tornam-se polos negativos, e o negativo atrai o negativo. Se temerem, estarão dando força ao que não os agrada, e isso será trazido para a vida de vocês. Vocês optaram por temer. E não adianta pedirem aos santos e a Deus para afastarem o mal, pois foram vocês que trouxeram o mal. A escolha é de vocês! Não responsabilizem Deus, porque Ele está muito ocupado cuidando do universo. Está em vocês tudo de que precisam para superar os obstáculos. Usem sua força e façam a escolha certa, ficando no bem e no positivo. Espero que eu tenha elucidado essa questão na mente dos dois. Fiquem em paz e permaneçam nela. Façam as escolhas certas.

Marta respirou fundo e abraçou Igor e Paula. Fernando fez o mesmo e disse:

— Está na hora de enfrentarem o medo. Faz dois meses que estão vivendo na casa de Romeu e Márcia. O restaurante está praticamente pronto para a inauguração, e tudo deu certo até aqui. Vejo os dois felizes e não encontro motivo para continuarem a se ocultar como criminosos. Proponho que procurem Helena e tentem conversar com ela. Levem para ela o convite de inauguração do restaurante.

— Ela jamais viria e ainda nos faria comer o convite.

— Não julgue antecipadamente o que Helena faria. Às vezes, nós nos surpreendemos com a mudança das pessoas. Se ela não aceitar o convite, entreguem-no a outra pessoa e saiam de lá confiantes de que tentaram a reconciliação — disse Marta.

— Enfrentar nossos medos... Não gostaria de ficar na presença de minha mãe novamente. Nosso último encontro na rodoviária da cidade foi muito doloroso. Ela não olhou para trás e me enxotou como a um cachorro — Igor queixou-se.

— Você continua deixando aflorar em sua mente a dor que ela lhe causou, Igor. Será que você não estava esperando uma atitude de Helena que ela ainda não estava pronta para ter? Você criou a ilusão de ser aceito por ela, mas, meu querido, Helena é o que é. O estágio evolutivo em que ela está não permitiu que aceitasse sua orientação sexual. Não a cobre tanto e aceite a realidade — tornou Marta.

— Tem razão. Eu criei a expectativa de que seria aceito, afinal esse era meu desejo mais íntimo. Imaginei que, quando falasse de minha homossexualidade, receberia um abraço, mas não foi o que ocorreu e eu me feri por essa recusa. Eu criei a ilusão. Mas quem sabe um dia ela compreenda a questão e me aceite sem restrições? Afinal, sou filho dela.

— Não quero decepcioná-lo, mas você continua com a ilusão de ser aceito por aquela mulher! Ela jamais esteve ao lado dos filhos, Igor! Não sei o que ocorre, mas ela prefere acreditar em um canalha como Humberto a acreditar em mim, em sua própria filha.

143

É estranho que as outras pessoas sejam mais importantes para ela que nós, os filhos. Quer saber, essa mulher não tem mais de viver em minha mente! João Pedro tem toda a razão. Quero me libertar dela. Não sou a porcaria que ela falou. Sou Paula Abrantes! Um ser humano do bem, que conta com a própria força para ser feliz. E eu quero ser feliz.

— João Pedro me ensinou uma frase que sempre repito, sentindo as palavras no fundo do meu peito. "Sou feliz, vivo em paz e sigo cada vez melhor com a graça de Deus". Essa frase tem uma força especial se sentida e falada com convicção — recomendou Marta.

Igor resolveu fazer a experiência e repetiu a frase com força. Em poucos instantes, sentiu um calor agradável em seu peito e uma alegria que mudou sua vibração.

— Isso realmente funciona. Eu me sinto mais leve e confiante. Eu estou feliz. Tente, Paula! Você se sentirá melhor.

Paula repetiu a frase e decidiu procurar Helena.

— Enfrentarei meus medos! Quer ir comigo à casa de Helena, Igor?

— Não a considera mais sua mãe?

— Preciso falar dessa forma, meu irmão. Quero retirar Helena do controle materno de minha mente. É algo meu, não se impressione.

— Então, vamos visitar Helena hoje, no fim da tarde. Estou curioso para saber como ela está vivendo sozinha.

— Levarei os dois à cidade e aproveitarei para comprar no depósito alguns interruptores que faltaram.

Amanhã é a inauguração! Está tudo pronto na parte da cozinha?

— Está! Já terminei de bordar as toalhas. Ficaram lindas — Paula tornou.

— Paula tem jeito com trabalhos manuais, mas eu nem consigo pegar direito em uma agulha. Não sei bordar nada — disse Marta sorrindo. — Bem, é melhor vocês se apressarem, pois precisamos deixar tudo pronto. Bruno limpou até a área da praia nos arredores do restaurante e amontoou toda a folhagem e a madeira que o mar trouxe atrás de nossa casa. Disse que colocará fogo em tudo na madrugada.

— Diga para ele não fazer isso! — alertou Fernando. — Pode pegar fogo em tudo! Esse Bruno não tem juízo! Imaginem se toda a mata ciliar do rio for consumida pelo fogo? Isso acabaria com a beleza natural da praia. O rio precisa ser protegido por essa mata. O rio passa a alguns metros dos fundos da casa até chegar ao mar.

— Direi a ele. Agora é melhor se apressarem, pois precisamos de todos aqui para fazermos os últimos retoques. É melhor estarem bem descansados para amanhã. Aqueles petiscos que ofereceram aos turistas na praia provavelmente darão resultado positivo para formarmos nossos primeiros clientes. Estavam deliciosos.

Capítulo 17

Paula e Igor se despediram de Marta e entraram no carro de Fernando. Chegaram à porta da casa de Helena, tocaram o interfone e ficaram impressionados com a sujeira que cobria o quintal. Os dois sentiram que havia algo errado e insistiram em tocar o interfone.

— Será que ela está em casa? Parece que não tem ninguém.

— Tem algo estranho, Fernando. Ela é cuidadosa demais para deixar a frente da casa nesse estado. Será que viajou?

Uma vizinha veio ver o que se passava e reconheceu os filhos de Helena. A mulher se aproximou dizendo:

— Como está, Paula? E você, Igor?

— Tudo bem, Fátima. Sabe onde está mamãe?

— Estou estranhando o movimento na casa. Faz cinco dias que não vejo Helena. Na semana passada, Humberto, seu marido, entrou na casa e saiu dois dias depois levando alguns pertences. Pensei que Helena viajaria com vocês, mas ele foi embora com o carro dela sem levá-la com ele. Fiquei preocupada e decidi observar os movimentos de Humberto. Aliás, pensei que a polícia estivesse atrás dele.

— Estamos sim. Humberto é um fugitivo — Fernando interveio.

— Meu Deus! O que ele pode ter feito com Helena?! Não a vejo há dias! Pensei em chamar a polícia, mas não queria envolver-me nesse caso.

— Eu sou policial. Vá para sua casa, ligue para o sargento William e conte-lhe o que aconteceu. Vamos entrar na casa.

Fátima fez o que Fernando pediu e pouco depois retornou dizendo:

— Ele disse que estará aqui em pouco tempo. Avisei-lhe que um policial estava chamando por ele. Fernando é seu nome, não é mesmo?

— Sim. Eu sabia que poderia contar com meus amigos. Quer dizer que o safado do Humberto esteve aqui e roubou o carro de Helena? Acho que ele deve ter levado as ferramentas da oficina mecânica também — Fernando supôs.

— Não estão sabendo? A oficina dele foi alugada pelo filho do seu Geraldo, o vendedor de pipoca da praça. A casa e a oficina foram roubadas na mesma semana em que Humberto esteve na cidade — Fátima informou.

— Você sabia disso, Fernando?

— Sabia do roubo, mas não falei nada para não preocupar vocês. O ladrão estava procurando algo, pois havia revirado tanto a casa quanto a oficina.

— O que Humberto estaria procurando? E por que ele veio parar na casa de mamãe? Meu Deus, o que ele pode ter feito com ela?!

Passaram-se alguns minutos, e uma viatura da polícia finalmente estacionou em frente à casa de Helena. O portão da casa e a porta da cozinha foram abertos por um policial, que trouxe consigo um pé de cabra. Quando entraram na residência, tudo estava revirado e tomado por um cheiro desagradável.

Dois policiais percorreram a casa buscando alguém que estivesse escondido, mas não encontraram ninguém. Paula, então, se lembrou da edícula onde Helena passava roupa.

Todos foram para os fundos da casa e finalmente encontraram Helena, que estava desacordada e amarrada a uma cadeira. Paula gritou desesperada:

— Ela está morta?

— Está viva, mas a respiração está fraca. Chame uma ambulância — disse o policial que tomava o pulso de Helena e checava seus sinais vitais.

Paula e Igor entraram na edícula e ficaram penalizados com o estado de Helena. Tudo levava a crer que Humberto a espancara antes de amarrá-la. Ela estava muito ferida.

Helena foi levada ao hospital, e os três a acompanharam. Paula tentava confortar Igor dizendo:

— Ela escolheu proteger Humberto, Igor. Mamãe ficará bem. Você verá.

— Se eu estivesse com ela, aquele canalha não teria coragem de espancá-la.

— Você não conhece Humberto, Igor? Ele é de um sadismo sem igual. É covarde, bate em mulheres.

— Eu preciso ir ao depósito antes que feche. Comprarei as coisas de que precisamos e retornarei ao hospital. Helena ficará bem. Pelo que compreendi, foram apenas escoriações sem grande gravidade.

Fernando deixou o hospital, foi até a loja e entregou a lista de materiais. Comprou o que precisava e seguiu para a delegacia. Precisava se informar melhor sobre o caso, então decidiu procurar o investigador Jorge Prado, um grande amigo.

— Como está, meu amigo?

— Muito bem! E você? O que o traz aqui em suas férias? Muito trabalho para a inauguração do restaurante?

— Estamos terminando os últimos detalhes. Recebeu o convite que deixei com o delegado?

— Recebi e estarei lá amanhã. Espero que não seja você o cozinheiro, pois desejo comer bem!

— Não sou! É nossa grande sócia quem tem um tempero especial. Você a conhece? Márcia, a mãe de Marta?

— Sim! Às vezes, Marta distribuía uns bolinhos deliciosos de mandioca com carne seca que dona Márcia preparava para nós. Esse restaurante será um sucesso com ela no comando das panelas! Sem falar na localização! Bem em frente a uma bela praia! Gosto muito de passear com minha família naquela praia nos fins de semana. Ultimamente, os hotéis da cidade têm levado turistas para lá.

— Contamos com esse movimento para lotar nosso restaurante. Bem... mas o que me traz aqui é outro assunto. Quero prestar queixa de roubo de um carro. Preciso que encontre este veículo, pois quero colocar a mão em um vagabundo covarde que bate em mulheres.

— Humberto roubou um carro também? A quem o veículo pertence?

— A Helena Soares Abrantes, a ex-sogra dele. O safado espancou a mulher, roubou a casa e levou o carro.

— Tem a placa e o número do chassi para me passar? Localizarei rapidamente esse veículo, e aí iremos atrás desse malandro que se acha espertalhão.

— Nossos amigos, que fizeram a inspeção na casa, encontraram o documento do veículo caído próximo à porta de entrada. O safado deve ter saído com pressa e deixado o documento cair.

— Vamos fazer uma grande blitz no estado. Se o safado ainda estiver com o veículo, será detido. Avisarei a você assim que tivermos notícias do meliante.

— Obrigado! E o espero amanhã para o almoço em nosso restaurante. Leve sua esposa e as crianças.

Fernando deixou a delegacia e seguiu para o hospital.

Fernando chegou no momento em que o médico chamava os filhos de Helena em sua sala.

— Pode vir comigo? Preciso do seu apoio.

Os três entraram, e o médico mostrou uma radiografia de Helena, que revelava que ela estava com o fêmur fraturado.

— Além de tratarmos os ferimentos no rosto e no resto do corpo de Helena, teremos de fazer nela uma cirurgia no fêmur. Mas... há um agravante... Helena não foi socorrida nos primeiros momentos após o trauma, e a área ferida está apresentando uma forte infecção. Só poderemos levá-la ao centro cirúrgico depois de controlar a infecção e restabelecer sua saúde. A paciente está fraca pois ficou sem se alimentar. O estado físico dela ficará estabilizado em alguns dias, mas seu estado mental, devido ao trauma, está abalado. Ela necessita da presença dos filhos para apoiá-la. Helena está se mostrando temerosa e muito assustada. Ela ficará no hospital apenas por mais dois dias. Recomendo que a levem para casa, pois a infecção a deixa vulnerável a bactérias. Ela precisa ficar em um ambiente sob cuidados higiênicos severos e longe de contágios e, assim que a infecção melhorar, Helena receberá pinos de titânio para reconstituir o fêmur.

— Eu cuidarei dela, doutor — disse Igor, segurando mais uma lágrima que rolaria por sua face.

— Nós nos revezaremos, meu irmão.

— Vejo que Helena tem bons filhos. O estado dela é grave. Além dos ferimentos e da fratura no fêmur, ela sofreu um acidente vascular cerebral [AVC] e o lado esquerdo de seu corpo não responde mais ao seu comando. Com o lado esquerdo paralisado e com a fratura no fêmur direito, Helena está impossibilitada de se movimentar. Ainda não sabemos qual é a extensão desse dano cerebral. Pude apenas constatar que ela não consegue falar, mas não sabemos se isso se deve ao trauma da violência que sofreu ou ao dano cerebral provocado pelo AVC.

— Podemos vê-la, doutor?

— Rapidamente. Neste momento, Helena foi transferida ao CTI do hospital.

Os três ficaram diante de um vidro, observando o rosto ferido de Helena. A respiração da mulher estava fraca e ela parecia dormir tranquila. Os três permaneceram ali em silêncio por alguns minutos e depois deixaram o hospital.

Fernando os levou até a casa de Helena para se organizarem e fazerem uma relação dos objetos que foram roubados por Humberto. A casa precisava ser fechada novamente, e o policial, então, decidiu chamar um chaveiro para consertar a fechadura do portão e da porta da cozinha.

Depois de serem avisados do ocorrido, Marta e Bruno foram à casa de Helena para ajudar Paula e Igor na limpeza.

— Vocês não deveriam estar aqui. Temos muito trabalho para a inauguração do restaurante — disse Paula.

— Não se preocupe. Deixei tudo em ordem, quando soube do que aconteceu aqui. Vamos limpar a casa de Helena e depois voltamos para casa, onde mamãe estará nos esperando com um delicioso jantar.

— Também estou incluído nesse convite para jantar?

— Claro, Fernando! Você é sempre bem-vindo em nossa casa. Não é, Paula?

— O que disse, Marta? Estou distraída e não prestei atenção ao que você falou. Desculpe. O safado levou as joias de mamãe e a televisão da sala!

— O que mais você deu por falta?

— Eletrodomésticos da cozinha e mais dois televisores: um que estava em meu quarto e outro que estava no quarto de mamãe — disse Igor inconformado.

— Esse cheiro de comida podre não quer sair da casa. A porta da geladeira ficou aberta, e tudo que estava lá dentro estragou. Acho que mamãe estava terminando de preparar uma refeição, quando ele chegou e... — Paula supôs.

— Não sabemos realmente o que aconteceu, Paulinha. Não tire conclusões precipitadas. Não vamos aumentar o drama que se passou nesta casa.

— Foi o que me pareceu, mas recordo que a vizinha disse que Humberto ficou na casa por dois dias antes de fugir. Como será que mamãe recebeu Humberto? — Paula questionou.

— Ela adorava aquele bandido e deve tê-lo recebido muito bem, até as coisas saírem do controle. Mamãe sempre defendeu Humberto — disse Igor com a voz embargada pela emoção que tentava conter.

Em um canto da cozinha, Irina e Alzira, os espíritos que obsidiavam Helena, estavam assustadas com tudo o que ocorrera. Elas tentaram se aproximar de Paula e Igor para sugar-lhes a energia, mas João Pedro enviara alguns amigos para defender os dois irmãos. Quando os policiais chegaram à casa, as duas correram assustadas e se esconderam na edícula, esperando que eles fossem embora. Paula e Igor estavam fragilizados e seriam presas fáceis para as duas. João Pedro, não achando justo que os dois sofressem esse ataque das vampiras que as duas se tornaram, enviou três soldados, que ficaram alerta o tempo todo para afastá-las do grupo que se ocupava da limpeza do lugar.

Já era tarde da noite, quando o grupo terminou a limpeza e saiu da casa de Helena. Márcia os recebeu com um forte e caloroso abraço, os levou à cozinha e serviu-lhes o jantar. Romeu, que passara o dia no restaurante terminando os últimos retoques na pintura, correu para tomar um banho e jantar com toda a família.

Quando todos finalmente se reuniram em volta da mesa, João Pedro sintonizou-se com Marta e pediu ao grupo que fizesse orações e emitisse vibrações positivas para Helena.

Depois do jantar, todos terminaram a noite com um banho quente. A casa, então, ficou em silêncio.

Capítulo 18

Era ainda madrugada, quando todos na casa de Márcia se levantaram, tomaram um rápido café da manhã e correram para o restaurante para preparar os alimentos que seriam servidos na inauguração. Frutos do mar faziam parte do cardápio que Márcia e Paula montaram. Dois dias antes da inauguração, Romeu, Bruno e Igor foram pescar em alto-mar e trouxeram a rede carregada. Limparam e colocaram tudo no gelo. Márcia e Paula prepararam com todo carinho e cuidado, deixando todos os pratos deliciosos.

Eram onze horas, quando os primeiros turistas chegaram em uma grande excursão organizada por um hotel da cidade e ocuparam as primeiras mesas. Igor e Bruno tiravam os pedidos nas mesas, e Fernando ficara no bar distribuindo as bebidas. Romeu trazia os pratos que Paula e Márcia preparavam, e Marta ficara no caixa.

O relógio marcava meio-dia, e todas as mesas já estavam ocupadas. Romeu providenciou mais dez mesas para um grupo de amigos, incluindo o investigador Jorge e sua família, que chegaram procurando lugares. O salão era grande, e todos estavam alegres comemorando o sucesso da inauguração.

Romeu serviu as sobremesas como uma cortesia pela inauguração. Uma hora mais tarde, serviram champanhe em taças, e todos brindaram juntos. Muitos deixaram o local elogiando as cozinheiras.

Após o almoço, os turistas permaneceram no bar aproveitando a sombra e a brisa fresca da praia. Fernando não estava mais conseguindo atender a todos os pedidos no balcão, então, Paula deixou Márcia na cozinha quando os pedidos diminuíram para atender aos clientes que ocupavam as mesas ao lado do bar, em uma área aberta em frente ao mar.

Algumas mesas, cobertas por guarda-sóis, eram mais afastadas e ficavam mais próximas da água. Paula se desdobrava para atender a todos os chamados, e muitos turistas aproveitavam para cortejá-la com brincadeiras que não a estavam agradando. A moça tentava ser educada, e Fernando a observava do balcão, desaprovando os mais abusados. Em dado momento, o policial acabou trocando de lugar com Paula para evitar discutir com os clientes, mas, mesmo no balcão, a moça, com seus cabelos loiros, olhos azuis e corpo escultural, chamava a atenção dos rapazes, provocando sem querer discussões entre os casais.

Percebendo que o balcão ficara repleto de homens pedindo bebidas, Igor foi ajudar Paula.

— O que está acontecendo aqui?

— Parece que todos desejam caipirinhas e cervejas ao mesmo tempo.

— Querida, você é um sucesso! Volte para a cozinha, e vamos ver se eu também faço esse sucesso todo no balcão. Também quero me divertir, irmãzinha. Fernando não está gostando nada desse assédio inesperado à "loirinha".

Era dessa forma que os clientes se dirigiam a Paula, o que deixara Fernando enciumado e Igor preocupado, pois ele sabia que Paula não estava preparada para reagir bem ao assédio.

A moça voltou à cozinha, e Fernando retornou ao balcão, mudando de lugar com Igor. Fernando agradeceu ao rapaz:

— Obrigado, Igor. Já estava ficando nervoso com todos. Paula tentou me ajudar, mas acabou tumultuando o ambiente com sua beleza.

— Precisamos contratar mais pessoas para servir aos clientes que ocupam as mesas da praia. Também quero proteger Paula, mas talvez a vida esteja cobrando dela uma atitude, uma reação. Ela precisa colher experiências e aprender a se conhecer. Esse assédio talvez faça parte do seu crescimento. Ela não sabe se defender dos homens mais atirados. Gostaria de protegê-la, mas não sei se é o certo a fazer.

— Não suporto a ideia de vê-la como um objeto do desejo masculino. Ela é muito mais que a beleza física que possui. Sinto muito, mas não permitirei que sejam indelicados com ela. Se precisar, eu prenderei os mais afoitos.

— O que é isso, meu amigo? Quem você deseja prender? — Jorge aproximou-se.

— Como vai, Jorge? Que bom que veio à nossa inauguração! Trouxe sua mulher e seus filhos?

— Sim, estão terminando de almoçar lá dentro. Tenho novidades sobre aquele caso de que me falou.

— Encontrou Humberto? Antes que me diga algo a respeito, quero lhe apresentar Igor, o filho da vítima, meu amigo e, quem sabe, futuro cunhado também!

— Não me diga que é aquela loirinha bonita que atravessou o salão rumo à cozinha? — Jorge estendeu a mão para Igor, que a apertou cumprimentando-o.

— Até você, Jorge! — falou Fernando, extravasando seu ciúme.

— Sua irmã é uma moça muito bonita, Igor. E tem alguém aqui muito apaixonado por ela! Sou o único que percebeu seus sentimentos, meu amigo?

— Jorge, deixemos essa conversa para depois. Diga! O que tem de novo para nos contar? Você encontrou Humberto?

— A história é longa e a estamos investigando no momento. Em uma blitz na cidade de Vitória, encontramos o carro que foi roubado e que está no nome de Helena Soares Abrantes... mas quem conduzia o veículo não era o tal Humberto.

— E quem era o motorista? — Fernando questionou.

— Um atravessador de tráfico de drogas. O jovem estava com Humberto e nos relatou tudo o que se passou na casa da vítima.

— Humberto não estava sozinho na casa de minha mãe? — Igor questionou.

— Não.

— A vizinha não comentou nada a respeito da presença de outra pessoa. Conhecemos essa pessoa? — perguntou Fernando.

— Creio que não. Os meliantes vieram se esconder do chefe do narcotráfico, pois perderam uma grande quantidade de drogas. Eles são tão incompetentes que foram roubados por outra facção. Precisavam arrumar mercadorias para poder cobrir o rombo para não morrer — tornou Jorge.

— Meu Deus! Humberto se envolveu com traficantes? Não esperava por isso. Sabia que ele era um idiota, mas subiu vertiginosamente no meu conceito de idiota inconsequente. Por essa razão, deve ter roubado a oficina e a casa onde morava e ido para a casa de minha mãe em busca de mais dinheiro — Igor supôs.

— Sinto muito por sua mãe. Ela sofreu agressões, e eles a mantiveram como refém. Encontramos o carro, mas as joias e os aparelhos eletrônicos não estavam com o meliante. Ele foi preso, e o carro está no pátio da polícia de Vitória. Pode acionar o seguro e buscar o carro — Jorge recomendou.

— Irei assim que possível, mas preciso cuidar de minha mãe quando deixar o hospital. Ela precisa fazer uma cirurgia no fêmur, e eu temo que ela não consiga mais caminhar, devido à idade e por ter sofrido um AVC.

— Mande a seguradora até lá, Igor. Se desejar, posso entrar em contato com eles e trazer o carro para você. Não se preocupe, pois posso cuidar de tudo. Apenas preciso do nome da seguradora e dos dados dela — disse Jorge.

— Agradeço-lhe muito, Jorge. Faz apenas cinco meses que tirei minha carteira de motorista e não tenho tanta experiência para dirigir na estrada. Paula também não dirige. Bem... tenho de atender duas mesas. Foi um prazer conhecê-lo, Jorge! Obrigado por tudo que tem feito para nos ajudar. Depois, passarei o nome da seguradora. Só preciso procurar a apólice na casa de mamãe.

Igor se afastou, e Jorge continuou conversando com Fernando:

— Foi bom ele se afastar, pois preciso falar sobre Humberto. Fernando, o safado está muito encrencado. Soube por fonte segura que o chefe do tráfico está caçando ele. Soube que o maluco teve um caso com a filha do homem e usou de violência com a moça.

— Isso é bem característico desse imbecil, Jorge. Bater na filha do traficante! Ele já é um homem morto, se fez com a moça o mesmo que fazia com Paula.

— Concordo com você. É questão de tempo para ele ser encontrado, Fernando. Seria melhor que ele fosse à polícia. Teria apenas alguns anos de prisão para enfrentar. Nas mãos do traficante, ele vai enfrentar tortura e certamente será morto.

— Ele fez a escolha dele, Jorge. Era um malandro preconceituoso e acabou se comprometendo com o lado mais obscuro da malandragem.

— É como dizem, meu amigo: "Cada um colhe o que planta". Agora tenho de dar um mergulho nesse mar azul e morno, pois estou com calor e não há nada melhor que um bom banho de mar para refrescar. As crianças querem brincar na areia. Estão lá com a mãe.

— Obrigado, Jorge. Sabia que poderia contar com você. Fez um ótimo trabalho em sua investigação.

No fim do dia, o restaurante foi fechado, e todos desejavam descansar devido à correria da inauguração, mas estavam felizes com o resultado do bom trabalho. O grupo, então, se reuniu para agradecer a Deus e aos espíritos superiores pelo êxito.

Todos se reuniram em volta da mesa para agradecer, quando João Pedro se manifestou por meio de Marta.

— Meus amigos, cada um de vocês deu o seu melhor, e o resultado foi nítido: as pessoas saíram satisfeitas com o carinho que vocês empregaram no trabalho. Esse restaurante será um lugar próspero, se não deixarem o sucesso subir-lhes a cabeça. Continuem com o mesmo carinho para preparar os alimentos, limpar o lugar e contar o lucro. Tudo aquilo que é feito com amor prospera aos olhos do Criador. Acreditem no poder que Ele concebeu a vocês. A vida daqui para frente será diferente para todos. É tempo de aprendizado. Paz e luz.

João Pedro se foi, e eles ficaram intrigados com o que ele quis dizer com "tempo de aprendizado". Igor comentou:

— Terei meu aprendizado amanhã bem cedo. Ligaram do hospital para me avisar que mamãe acordou e que precisa deixar o hospital. Precisa se recuperar para enfrentar a cirurgia no fêmur. Sinto deixá-los com tanto trabalho para realizar no restaurante, mas não posso abandoná-la. Não há mais ninguém por ela, pois mamãe espantou todos os familiares e amigos.

— Irei com você, meu irmão.

— Paula, você ficará com sua mãe? — Márcia questionou.

— Sei que assumi um compromisso com a senhora de ajudá-la na cozinha do restaurante. Não sei o que fazer, pois mamãe também precisa de minha ajuda.

— Podem trazê-la para esta casa, e todos nós cuidaremos de Helena — Márcia sugeriu.

— Sugiro que isso seja feito depois da cirurgia, pois ela não pode sacolejar no caminho até aqui, pois cada solavanco será doloroso para ela. Cuidarei de mamãe até que ela possa entrar no centro cirúrgico, e, se não for grande incômodo, poderemos trazê-la depois para esta casa.

— Podemos levantar um quarto aqui ao lado da cozinha, e ela terá uma janela com vista para o mar. Mesmo deitada na cama, Helena conseguirá apreciar o mar e a praia. Talvez isso a faça se recuperar com mais rapidez — Romeu sugeriu.

— Ótima ideia, papai! O senhor tem um grande coração — disse Marta.

— Eu quero o melhor para todos que estimo. Paula e Igor são parte de nossa família, e quero que todos fiquem bem. Sobrou sapê para o telhado e madeira para as paredes. Compraremos as louças do banheiro, o encanamento e os fios elétricos — Romeu tornou.

— Eu posso comprar o piso na casa de material de construção. Temos tempo para construir um lindo e aconchegante quarto para Helena.

— Faço questão de arcar com as despesas. Minha mãe tem dinheiro. Vamos contratar pedreiros, e assim teremos tempo para trabalhar no restaurante. Agradeço a todos. Ficaremos todos juntos nesta praia maravilhosa. Vocês são a família que eu sempre desejei. Aqui há amor, e fico feliz que me aceitem da forma como sou.

— Você é lindo, maravilhoso e divertido, Igor. Onde existe amor o preconceito não faz morada — Márcia se aproximou de Igor e lhe deu um sonoro beijo na face.

Igor ficou ainda mais feliz e agradeceu à Márcia e a todos. Ele sabia que sua forma de expressar alegria era engraçada e fazia todos sorrir.

Foi assim que um dia grandioso para todos terminou: com gargalhadas contagiantes. Cada um, então, seguiu para seu quarto, e Paula e Fernando se despediram com um beijo ardente nos lábios.

— Sei que ficou com ciúmes essa tarde. Prometo não sair mais da cozinha do restaurante.

— Não estou lhe cobrando nada, Paula. Você é linda, e essa beleza é notada por quem pode vê-la, mas quem está com você nos braços neste momento sou eu. Tenho sorte e quero ficar ao seu lado, minha amada. Não se preocupe com meu ciúme. Você tem todo o direito de caminhar livre por onde desejar.

— Você é compreensivo, mas não gosto desse assédio. Não sabe o quanto sofri por chamar a atenção por onde quer que eu fosse. Humberto não era compreensivo.

— É melhor entrar. Estamos emocionados e cansados. Amanhã, conversaremos melhor. Só me dê mais um beijo, e irei embora feliz.

Paula beijou Fernando e entrou fechando a porta. A moça apagou as luzes, se foi para seu quarto e caiu na cama, pegando no sono rapidamente.

Capítulo 19

No hospital, Igor entrou no quarto que lhe foi indicado por uma atendente. Diante da mãe, sentiu sua indignação, mas tentou não dar importância ao seu olhar de reprovação.

Helena não conseguia falar, pois o lado esquerdo do seu corpo estava paralisado, comprometendo sua fala. O som que ela emitia não era compreendido como palavras que pudessem formar uma frase completa. Quando percebeu que Igor estava de volta, os olhos de Helena revelaram sua indignação. Ela ficou agitada, tentou expulsá-lo, mas não conseguiu ser compreendida pelo médico e pela enfermeira. Igor entendeu os gestos bruscos da mãe e se aproximou de seu ouvido, com o pretexto de que lhe daria um beijo na face. Ele disse sussurrando:

— Não se queixe. Voltei porque a amo e, quer queira quer não, cuidarei da senhora. Não existe outra pessoa para assumir essa incumbência, mas não se preocupe... Quando estiver bem de saúde, eu desaparecerei de sua vida.

Igor se afastou e deu espaço para a enfermeira, que trocou a sonda e ensinou ao rapaz os cuidados necessários para com a mãe. Dos olhos de Helena saíam faíscas de fúria. A enfermeira notou e disse:

— Ela ficou emocionada com a presença do filho. É um lindo rapaz, dona Helena. Lindo e muito carinhoso! A senhora está de parabéns. Igor recuperou bem a saúde e agora pode cuidar da mamãe.

— Você me conhece? Eu estive internado aqui.

— Sim, eu também atendo à UTI. Orei por você, garoto, e lhe dei banho muitas vezes. Estou feliz por você estar bem. Tenho um filho de sua idade. Você talvez o conheça. Acredito que estudaram juntos no colégio.

— Qual é o nome de seu filho?

— Nelson.

— O Nelsinho! Ele é um grande amigo meu! Essa cidade é pequena mesmo! A mãe do Nelsinho está cuidando de minha mãe.

Ouvindo a conversa entre os dois, Helena ficou ainda mais agitada, pois temia que a enfermeira descobrisse que seu filho era homossexual. Margarete, no entanto, continuou falando com Igor depois que o médico deixou o quarto.

— Meu Nelson é como você. E sabe que eu agradeço a Deus por ter me dado a oportunidade de conviver com um homossexual? Se ele fosse menina, talvez não teríamos tantas afinidades. Sou realmente apaixonada por meu filho. Ele é muito amoroso e alegre. Dona Helena, a senhora tem sorte. A alegria estará sempre à sua volta. Eu me divirto com as brincadeiras e me contagio com o alto-astral do meu filho.

— Dona Margarete, como recebeu a notícia de que seu filho era gay?

— Sempre fui uma mãe atenta. Nelson era diferente dos outros meninos. Tinha um jeitinho mais delicado e afeminado... Quando ele se tornou adolescente, tivemos uma conversa séria, pois ele andava estranho. Nelson estava começando a descobrir sua sexualidade, e nós mantínhamos diálogos frequentemente. Queria que ele se descobrisse sem se perder ou pensar que o que sentia era errado. Sempre estive ao lado de meu filho, pois, como qualquer mãe, o amo incondicionalmente. Tenho certeza de que com vocês também foi assim. As mães são compreensivas e amorosas.

Ouvindo a conversa, Helena notou que a enfermeira aceitara seu filho com amor, mas estava enojada, pois pensava que Margarete pouco se importava com as palavras dos religiosos. "Deus não perdoará seus atos e pensamentos! Como aceitar com naturalidade uma aberração como aquela?! Os dois queimarão no fogo do inferno pela eternidade! São todos pecadores! Não vou aceitar Igor!", pensou. O que Helena não notara era que Irina e Alzira estavam de volta e que ela assimilava como se fosse sua a forma de pensar dos dois espíritos.

Igor e Margarete continuavam conversando. Ela explicava ao rapaz como cuidar corretamente de Helena, pois seu estado necessitava de cuidados especiais.

— Terminamos. A ambulância chegou. Nossa paciente está medicada, e você lhe dará os remédios apenas à noite. Aqui está a lista de medicamentos e os horários. Você terá longos dias de trabalho e noites sem dormir bem pela frente. Está preparado?

— Estou. Cuidarei bem de minha mãe. Não se preocupe com isso.

— Uma agente de saúde passará todos os dias para vê-la, e, quando a infecção sanar, a cirurgia será agendada. Se precisar, pode me ligar para tirar dúvidas. Se desejar contratar uma enfermeira, posso indicar-lhe algumas amigas competentes.

— Obrigado! Ligarei, com certeza. Deixo um abraço para Nelsinho. Diga a ele que continuo na cidade, para o caso de ele desejar me visitar.

Igor acompanhou a maca que levou Helena até a ambulância.

Pouco depois, Igor entrou em sua antiga casa, mostrando o caminho do quarto da mãe aos maqueiros. Os homens deixaram Helena em seu leito, e Igor os levou até a porta agradecendo-lhes o bom trabalho.

O rapaz voltou ao quarto e notou que Helena procurava por seus objetos decorativos caros. Ela olhava para a parede onde antes estava a televisão, e sua indignação era notória. Helena apontava para a parede vazia e movimentava os lábios tortos sem conseguir pronunciar as palavras, enquanto um pequeno fio de baba escorria pelo canto do lábio inferior.

— Compreendi, mãe. Acalme-se. Sua televisão não está na parede, pois foi roubada. Humberto levou todos os objetos de valor desta casa, e a polícia apenas conseguiu recuperar seu carro. Mas não fique nervosa! Passou, e a seguradora da casa cobrirá todas as despesas. Por sorte, papai fez o seguro da casa e mantinha em dia os pagamentos. Ele era precavido. Agora, descanse. Em poucos dias, poderá assistir às suas novelas em uma televisão de tela grande. Por enquanto, colocarei aqui o aparelho da cozinha. Eles não o levaram por ser velho e pequeno.

Helena acabou dormindo, depois que Igor instalou a televisão em uma cadeira ao lado da cama, deixando o controle remoto na mão dela. O rapaz, então, foi para a cozinha preparar uma sopa leve para servir no almoço.

Era o segundo dia de funcionamento do restaurante, e Igor gostaria de estar lá para ajudar a irmã e os amigos. Seria muito trabalho para Bruno, que ficara responsável por atender a todas as mesas, mas ele não tinha como estar em dois lugares ao mesmo tempo.

Igor deixou a sopa no fogo e foi até seu antigo quarto. Suas malas estavam na sala, pois não tivera tempo de levá-las para o quarto quando chegou à casa de sua mãe. Precisara correr para o hospital, e o ônibus demorara a chegar ao ponto. Era uma região litorânea e era plena temporada em dezembro.

O rapaz levou as malas para o quarto e começou a arrumar as roupas no armário. Colocou lençóis limpos na cama e levou para a lavanderia a roupa suja que encontrara no cesto do banheiro do quarto de Helena. Quando entrou na lavanderia que ficava no fundo da casa e de frente para a edícula, notou vultos escuros passarem rapidamente.

Curioso, Igor entrou correndo na casa e procurou a chave da edícula. Queria descobrir que vulto era aquele que cruzara a janela basculante por dentro da edícula. O rapaz abriu a porta, mas não encontrou nada.

Percorreu os cômodos, e de repente sentiu um arrepio gelado tomar-lhe o corpo.

Igor voltou para a cozinha e desligou a chama do fogão. Na lavanderia, tentou compreender como funcionava a máquina de lavar. Decidiu procurar o manual, mas não encontrou nada. Queria ligar para Márcia, mas não podia incomodá-la, pois aquela era a hora de mais movimento na cozinha do restaurante. Paula também não poderia ajudá-lo, então, Igor decidiu ligar para Margarete.

— Desculpe incomodá-la, Margarete, mas a senhora me ofereceu ajuda, e estou precisando agora.

— Helena está bem? O que deseja?

— Pode me dizer como colocar em funcionamento uma lavadora?

— Claro! Diga-me quais botões estão à sua frente, e lhe darei as instruções.

Margarete tentou orientar o rapaz, mas Igor não conseguia colocar em movimento a complicada lavadora de roupas. Depois de um tempo passando as coordenadas, a enfermeira falou:

— Mandarei Nelsinho até sua casa. Ele lava nossas roupas quando não tenho tempo para lavar.

— Ótima ideia! Eu mesmo ligarei para ele. Obrigada, Margarete. Estou um pouco perdido nos afazeres domésticos. Sei apenas cozinhar.

— É muito bom saber cozinhar. Você é um bom garoto, Igor, e sei que conseguirá ajudar sua mãe. Confie em você.

Igor agradeceu e se despediu de Margarete. Em seguida, voltou à cozinha e colocou a sopa para esfriar em um prato um pouco antes de levar para Helena na cama.

Todos os movimentos de Igor estavam sendo observados por Irina e Alzira. Elas desejavam mandá-lo embora, mas sabiam que sua presença na casa era necessária, pois era ele quem cuidaria de Helena. As duas estavam revoltadas com a situação. Estarem próximas de um jovem que seria condenado ao inferno por ser homossexual era suplício demais para as duas.

Era a primeira vez que Irina e Alzira entravam em contato com um homossexual. Por debaixo de tanto preconceito havia a curiosidade. As duas esperaram Igor levar o prato de sopa para Helena para se servirem do caldo. Irina e Alzira usavam a força do pensamento para absorverem a essência energética dos alimentos que compõem a sopa. Em uma dimensão próxima, as duas se alimentavam de energia, e naturalmente a energia de Igor tomava o ambiente. Ele era o distribuidor de fluido energético que alimentava as duas. O prato de sopa era simbólico e totalmente dispensável às duas, no entanto, elas não sabiam disso.

Irina e Alzira passaram todos esses dias presas na casa vazia e estavam famintas. As duas apenas puderam sair quando Igor entrou na casa, seguindo-o até o hospital para trazer Helena. Os vultos escuros que Igor notara na edícula eram os espíritos das duas mulheres, que tentaram se esconder do soldado espiritual que acompanhava Igor para garantir sua proteção.

O soldado colocado na casa por João Pedro para proteger Igor e Paula continuou atento às intenções das duas vampiras sugadoras de energia. Ele se fazia notar e, quando era necessário, as intimidava para afastá-las de Igor. Não era aceitável Igor sofrer uma nova agressão por puro preconceito. Ele aprendera muito com o primeiro ataque de Humberto. O rapaz usou seu bom senso e, com a ajuda da família de Marta e o carinho de Paula e Fernando, levantou sua autoestima. Igor não necessitava mais daquela lição, que não mais se repetiria em sua vida, enquanto ele mantivesse a postura correta de aceitar ser quem é.

Os espíritos mais evoluídos planejavam promover um aprendizado especial para as duas, que já davam os primeiros sinais de mudança de comportamento. O sofrimento causa grandes mudanças, que são capazes de quebrar velhos e enraizados preceitos.

Alzira se viu cansada da rigidez com que era tratada por Irina e desejava se afastar. Não notava em Igor a perversão sarcástica que Irina insistia em apontar e pela primeira vez fazia uma análise dos fatos sem ouvir a opinião da outra. O que Alzira via era um jovem amoroso cuidando com afeto de sua mãe doente e cheia de preconceito em relação à homossexualidade do filho. Era um passo grande para ela, que passara séculos como dependente de Irina na forma de pensar.

Alzira estava calada saboreando o prato de sopa, sentindo a energia de amor que Igor colocara nos alimentos. Não queria prejudicá-lo, instigando Helena a expulsá-lo de casa. Ela descobrira que agira erroneamente. Sentiu o ódio com que Humberto tratara Helena, e era inevitável fazer uma comparação entre eles. Igor era bom, Humberto era mau. E ela? O que ela era ali presa naquela casa? Como deixar a Terra? Sabia que não pertencia mais a este mundo humano repleto de dor e sofrimento, mas a que mundo pertencia? Será que existia um lugar melhor onde viver longe da Terra? Esses eram os questionamentos de Alzira.

Capítulo 20

  Os dias se passaram rapidamente, e Igor se mostrava um maravilhoso enfermeiro para Helena. No início, ela ficava furiosa quando o filho lhe dava banho na cama. Helena usava o braço direito, que estava bom, para dar violentos socos no filho, enquanto ele ensaboava seu corpo. Igor, por sua vez, tentava animá-la conversando, mas não conseguia modificar a situação. O hospital ficara de mandar uma agente de saúde diariamente, mas a moça não era enfermeira e apenas anotava em um prontuário sua visita à paciente. Constatando que Helena estava sendo bem tratada, a agente partia sem dar a assistência que Igor esperava receber, como ajudá-lo a dar banho em sua mãe.

Irina fazia Helena ficar ainda mais nervosa e violenta, enquanto Alzira se condoía com a forma como Igor era tratado. Ela, então, tentou intervir chamando a atenção de Irina.

— Pare, deixe-o em paz! O rapaz está tentando ajudar a mãe! Não percebe que ela precisa do banho para evitar a proliferação de bactérias e rapidamente realizar a cirurgia de que precisa? Isso não está certo, madre Irina.

— Como se atreve a me contestar?! Você nunca fez isso antes! Eu a colocarei de castigo, noviça Alzira!

— Como? Que poder tem sobre esta noviça aqui? Quem lhe deu o poder que pensa que tem?

— Sou a madre do convento onde você é noviça. É minha subalterna perante os preceitos da Ordem.

— Não percebeu que deixamos esse convento no século passado? Fomos expulsas do convento pelas irmãs, que nos repelem como demônios que as assombram. Penso que está na hora de ver a verdade! Somos dois fantasmas nesta casa. Assombramos um jovem bom, que está tentando cuidar da mãe enferma. Irina, deixe-os em paz.

— Você ficará de castigo, irmã Alzira! Seu atrevimento foi excessivo. Volte para a edícula e não saia de lá até eu chegar. O chicote será descarregado em suas costas para que aprenda a não questionar quem está acima de você em uma hierarquia aprovada por Deus.

— Deus não aprovaria que eu fosse castigada por ter piedade desse jovem e de sua mãe. Irina, eu não voltarei à edícula, e, se tentar me bater com o chicote, serei obrigada a me defender de seu ataque. Estou cansada de ser sua subalterna. Não percebe que você está errada?

— O que está acontecendo com você, Alzira? Está me enfrentando de uma forma desrespeitosa! Você ficará do lado desse jovem que se condenou ao inferno?

— Irina, nós nos condenamos ao inferno, ele não. Não suporto mais julgar e condenar alguém em que não vejo culpa alguma. O que Igor fez de errado para ser condenado ao inferno? Ele é um jovem maravilhoso, bondoso, que ama a mãe ingrata e que o maltrata injustamente. É isso que vejo em Igor. Não escuta a oração cheia de amor que ele faz pedindo proteção a Deus?

— Nunca o ouvi orar.

— Todas as noites, eu escuto esse jovem pedir ao Criador que a mãe o aceite e aceite seu amor puro. Ele ora pela irmã e pelos amigos que deixou para estar aqui cuidando de Helena.

— Igor faz isso? Ele é religioso?

— Como nós fomos quando éramos vivas? Não! Ele tem sua fé, que é bela e pura. Irina, creio que está na hora de despertarmos para a nossa realidade. Deve haver um lugar que nos receba em outro mundo. Este não é mais o nosso mundo.

— Se houvesse, já teríamos seguido para lá, afinal, dedicamos nossas vidas aos pobres. Eu achava que seríamos recebidas pelos anjos até chegarmos ao nosso amado mestre Jesus.

— Isso não aconteceu, Irina. O que sabíamos sobre a morte? Eu também acreditei que receberia o céu como recompensa depois de uma vida de doação aos mais necessitados. Irina, não estamos agindo bem. O que estamos fazendo com Igor é covardia. Eu me sinto péssima por participar dessa brutalidade dirigida a um jovem do bem. Não notou a luz que ele emana?

— Isso é o diabo que traz esse disfarce para ele, Alzira! — Irina apurou a visão e viu a áurea repleta de luminosidade de Igor.

— Sei que está vendo luz em Igor. Agora, olhe para nós. O que vê?

— Você tem uma sombra escura à sua volta.

— Você também tem, Irina.

— Isso deve ser porque estamos mortas, e ele está vivo.

— Olhe para Helena. O que vê?

— Pontos escuros em uma luminosidade cinzenta.

— Ela também está viva, mas não brilha como Igor. Percebe que algo está errado aqui?

— Alzira, você está tentando me dizer que deveríamos aceitar esse rapaz como ele é?

— O que ele é ou deixa de ser é problema dele. Nós estamos intervindo em algo que não nos cabe. Não quero ser juiz de ninguém. Desejo realmente ter um pouco de paz e ter luz à minha volta. Quero partir deste mundo e procurar um lugar onde os espíritos vivam felizes. Deve haver algo especial para quem morre. Estou cansada de sofrer.

— Também estou cansada dessa luta diária para corrigir o incorrigível. Estou cansada de ser sempre a voz da razão. Mas como sair desta casa? Você sabe que lá fora é perigoso e que há seres estranhos que são maus andando por aí. Para onde iremos?

— Não sei, Irina. Ficaremos aqui até que alguém venha nos buscar novamente. Prometa que deixará Igor e Helena em paz?

— Prometo. Mas quem poderia vir nos buscar? Lembra que, quando sofremos o acidente que nos vitimou, apareceram pessoas conhecidas? — Irina questionou.

— Sim, você não os seguiu, e ficamos esperando os anjos tocando harpas, mas nada aconteceu. Sinto que estamos distantes desses anjos em que acreditávamos. Será que eles existem? — Alzira questionou.

— Estou duvidando de muita coisa que acreditava ser verdadeira neste momento. Se essas coisas existem, preciso de provas agora. Não acredito em mais nada, sem ter uma prova concreta.

— Não a alertei para que não penda ao extremo, Irina? Igor faz orações e tem um comportamento bom e luz à sua volta. Não vamos perder a fé. Podemos orar de forma mais sincera, ou seja, sem repetir frases apenas. Igor coloca Deus diante de si e conversa com Ele com humildade e muito carinho. Suas frases são sinceras. Vamos ouvi-las esta noite?

— Alzira, você é melhor que eu. Conseguiu analisar a situação tirando o hábito religioso que usávamos como pano que cobre nossos olhos.

— Estou cansada de sofrer e ver sofrimento à minha volta. Quero ser feliz, madre Irina.

— Não me chame mais de madre. Não quero mais carregar o peso desse hábito. Quero ser uma pessoa que não segue dogmas religiosos. Há séculos, carrego um cargo que não ocupo mais e a tenho tratado com desprezo por ser noviça. E você também não é mais uma noviça do convento. "Essas pessoas" morreram naquele precipício, rolando junto com os cavalos naquela carruagem.

Capítulo 21

Eram sete horas da noite, quando o interfone tocou. Igor terminou de dar banho em Helena e deixou o quarto para atender à porta.

Depois de abraçar Igor com carinho, Paula entrou na casa e perguntou:

— Como vocês estão?

— Bem, terminei de dar banho nela e, por incrível que pareça, hoje mamãe não me estapeou furiosa.

— Sinto muito, querido. Você não precisava passar por isso. Poderíamos contratar uma enfermeira.

— Não quero, Paula. Você sabe o quanto a amo e quero cuidar dela. Mas conte-me! Como foi o movimento do restaurante nesse fim de semana?

— Lucrativo. Trabalhamos com a capacidade máxima de clientes. E essa manhã, Romeu e Bruno saíram para pescar em alto-mar.

— Gostaria de sair com eles para uma pescaria. Quando estive com eles no mar, nós pescamos próximo à costa, mas eu queria muito sair para o alto-mar e jogar a rede. Adoro ver os peixes sendo retirados da água.

— Da próxima vez, você irá com eles. Eu ficarei com a mamãe. Ela perguntou por mim?

— Não. Não sabe como é dona Helena, Paulinha? Quando julga que está correta em seus atos, ela é durona e implacável. Pobre mamãe... Ficaria sozinha se não fôssemos maleáveis. As amigas e os parentes desapareceram, e ela não recebe mais telefonemas como antigamente. Abandonaram-na.

— Estamos aqui não por acreditar nas palavras duras que ela usa, estamos aqui por compaixão a essa mulher que nos colocou no mundo. Não podemos cobrar a mesma compaixão das outras pessoas. Helena, a grande mulher... Há algo de muito rude com ela que afastou a todos. A vida a deixou muito debilitada, Igor... Talvez ela aprenda algo com essa situação e se transforme em uma pessoa mais doce e compreensiva. Mamãe sempre julgou as atitudes das outras pessoas, pois é muito pragmática e crítica. Pode ser que a vida esteja tentando abrandar o coração dela. Vamos ter paciência, meu irmão. Acha que ela me receberá bem?

— Ela não consegue falar, Paula. Solta apenas grunhidos estridentes, então, prepare os ouvidos.

— Estou preparada. É estranho como me acostumei a ser bem tratada por Márcia e como não vejo

Helena mais como minha mãe. O que ela nos deu não foi amor materno, infelizmente. Descobri esse amor quando conheci Márcia, mas a vida me deu Helena como mãe. Qual será a razão disso? Deve haver um motivo para sermos filhos dela.

— Talvez João Pedro possa explicar esses motivos.

— Não creio, Igor. Os espíritos mais evoluídos não falam sobre assuntos que não tragam benefícios a todos. Mesmo que saibamos quais foram os motivos que nos trouxeram até aqui, isso não mudará os fatos. Helena continuará sendo uma mulher rígida e não demonstrará seu afeto, como Márcia demonstra para seus filhos e agregados. Ela mandou um prato de salgados que você adora, com coxinhas e bolinhas de queijo.

— Estava sentindo o cheiro gostoso saindo da sua sacola. Chegou em boa hora, pois estou faminto. Eu iria tomar a sopa que preparei para o almoço de mamãe, mas quero saborear as delícias de Márcia. Vamos para a cozinha! Depois, você entra no quarto para visitá-la.

— Não posso demorar, pois Fernando passará aqui para me levar de volta para casa. Amanhã, eu e Márcia vamos fazer compras para o restaurante, pois tudo o que compramos para a inauguração já acabou. Vamos a um mercado atacadista de Vitória. Gostaria que você viesse conosco.

— Não posso, Paulinha. Quem ficaria cuidando dela? Tenho certeza de que não faltarão oportunidades de sairmos às compras para o restaurante. Estou feliz pelo sucesso de nosso empreendimento. Alguém ajudou Bruno a atender às mesas hoje?

— Fernando chamou o filho de um amigo para colaborar conosco, mas o garoto se mostrou desajeitado com as bandejas pesadas. Tivemos de colocar Romeu para servir às mesas com Bruno. Você fez falta, meu irmão.

— Não sei quanto tempo ficarei aqui cuidando de mamãe. Seria melhor contratar um funcionário mais competente, um garçom com prática.

— E como vamos pagar um garçom?

— Fale com Marta, Paula. Ela deve ter uma noção melhor da parte financeira. Bem, agora vamos entrar no quarto. Veja como nossa mãe está, e eu ficarei aqui comendo essa coxinha deliciosa.

Paula bateu na porta do quarto e abriu. Helena estava deitada e seu rosto estava entre os travesseiros. Ela tentava abafar o som da voz dos filhos, que vinha da sala e depois da cozinha. Helena escutou quando Paula afirmou que ela não dera a eles amor materno e ficou chocada com essa revelação, pois se orgulhava de ser boa mãe para seus filhos. A crítica deixara Helena arrasada, o que a fez jogar o travesseiro sobre o rosto para não ver ninguém.

Quando entrou no quarto, Paula, acidentalmente, bateu a mão no interruptor, acendendo a lâmpada. Helena grunhia embaixo do travesseiro, pois queria ficar sozinha e não queria lidar com a presença da filha, que lhe era desagradável por demais. Teria que reconhecer que estivera errada sobre Humberto, que não era o genro bom que ela pensara que ele fosse. Também fora vítima de sua violência e odiava ter de admitir que estava errada a respeito dele.

Paula se aproximou e retirou o travesseiro de cima do rosto de Helena cuidadosamente para que ela não sentisse dor, devido aos hematomas que escureciam sua face. Por fim, a moça perguntou baixinho:

— Como está, mãe?

Helena se negava a abrir os olhos, e Paula insistia dizendo:

— Sente dor? Posso ajudá-la, mãe?

Helena esticou o dedo indicador e apontou para a porta, tentando expulsar Paula de sua casa. A moça entendeu o sinal e respondeu calmamente:

— Não sairei de seu quarto ou de sua casa, mãe. Sei que esses hematomas são dolorosos, pois tive muitos em meu rosto. A mão de Humberto é pesada, e ele sabe como ferir uma mulher. Mas isso logo passará, a senhora e se sentirá melhor. Tenho aqui uma pomada que diminui o inchaço. Posso passar em seu rosto?

Helena pôs o travesseiro sobre o rosto novamente e apontou para a saída. Paula retirou o travesseiro de cima do rosto da mãe e o jogou aos pés de Helena. Depois, com a ponta dos dedos, ela passou delicadamente a pomada nas bochechas da mãe, que logo sentiu um alívio na região próxima aos olhos, como um resfriamento imediato.

Após passar a pomada no rosto da mãe, Paula falou calmamente:

— Mãe, quero que saiba que a perdoo por todas as bobagens que a senhora falou. Talvez agora compreenda os motivos que me levaram a abandonar meu marido. Ninguém gosta de ser tratado como um verme desprezível. Era assim que eu me sentia diariamente. Eu não me valorizava, e Humberto tripudiava sobre essa minha fraqueza.

Helena queria falar toda a verdade que estava engasgada em sua garganta, mas não conseguia pronunciar uma só palavra, pois o AVC prejudicara muito suas cordas vocais. Nesse momento, Igor entrou no quarto trazendo uma bandeja com um prato de sopa, cujo cheiro agradável tomou o quarto.

— Está na hora do jantar, mamãe. Depois, a senhora dormirá tranquila. Maninha, sua carona chegou e está na cozinha esperando por você. Se despeça de mamãe e vá, pois não pode deixar tudo aquilo desacompanhado.

Foi a primeira vez que Igor usou esses termos, e Helena, ouvindo-o mudar a voz e falar de maneira descontraída, teve vontade de esganá-lo. Ela se arrependeu de não ter levado o filho ao pastor evangélico, para modificar seus modos, que na cabeça dela, pareciam ser afeminados, e, com a mão que estava boa, Helena, furiosa, batia na cabeceira da cama.

— Acalme-se, mamãe, ou não darei seu jantar quentinho e saboroso. Seja uma boa menina, dona Helena. Paulinha, se puder, poderia me ensinar a ligar a lavadora de roupas antes de ir? Fiquei de ligar para Nelsinho vir aqui para me ensinar, mas achei melhor não o incomodar. Espere-me na cozinha. Quando eu terminar de dar a sopa para nossa doentinha, me juntarei a vocês.

— Não sei se poderei esperá-lo, pois Fernando tem pressa para tudo.

Helena estava ainda mais indignada. "Paula está apaixonada por outro homem! É uma perdida!", pensava Helena.

Tranquilamente, Igor servia a sopa à Helena, que, por não ter controle sobre seu lado esquerdo, deixava cair grande parte da sopa da boca. Igor, calmamente, limpava o canto da boca da mãe e insistia em lhe dar mais uma colherada.

Paula passou a mão pelos cabelos de Helena e despediu-se com carinho. Depois, foi para cozinha e encontrou Fernando à sua espera. Parado junto à porta, ele olhava insistentemente na direção da edícula, o que chamou a atenção de Paula. A moça chegou por trás:

— Está sério. O que está observando lá?

— Você tem a chave, Paula? Tenho certeza de que há alguém ali. Pude ver um vulto escuro passar próximo da janela.

— Policial, não há ninguém ali. Isso é impossível.

— Paula, preciso seguir meus instintos. Sou treinado para encontrar o que os olhos comuns não encontram. Bandidos costumam se esconder em locais isolados como esse. E se Humberto retornou e estiver lá dentro, esperando uma oportunidade para lhes dar o bote? Abra a porta. Preciso averiguar.

— Certo. Não discutirei. Não quero que Igor corra perigo ficando nesta casa. Mamãe anda impossível! Mesmo nesse estado, ela me expulsou! Minha mãe me odeia, Fernando! Bem... Não sei onde está a chave da edícula, mas talvez Igor saiba. Vamos esperar ele terminar de dar o jantar a ela. Depois de você investigar, partiremos, pois Márcia ficou sozinha e tem muito trabalho a fazer. Amanhã, quero abrir o bar do restaurante. Se pudesse, abriríamos os dois lados, mas está difícil com Igor preso aqui, Bruno e Romeu pescando em alto-mar e você e Marta trabalhando na delegacia. Eu e Márcia não daríamos conta de coordenar o restaurante. Realmente precisamos contratar garçons e um ajudante para a cozinha.

— Paula, depois discutiremos o assunto. Estou vendo sombras se mexerem lá dentro. Tem alguém ali, e eu vou descobrir quem é — Fernando decidiu.

Eram Irina e Alzira, que estavam assustadas com a presença do policial.

Capítulo 22

Nervosa, Irina caminhava de um lado para o outro. Alzira se encolheu em um canto e pedia para Irina:

— Venha se esconder. Você está chamando a atenção dele. Saia de perto dessa janela.

— O que ele pode fazer conosco, Alzira? Estamos mortas!

— Irina, existem pessoas que podem nos ver, e esse jovem pode ser uma dessas pessoas. Não estou gostando nada da expressão rude no rosto dele.

— Está com medo de ser espancada por ele?

— Estou! Humberto parecia ser um homem bom e veja o que fez com Helena.

— Humberto nunca foi um homem bom, Alzira. Bastava olhar para ele e notar que tinha uma áurea negra. Fernando tem luz ao seu redor. Ele pode ser muito mais perigoso que Humberto para nós.

— Por quê?

— Porque pode exigir que deixemos a casa de Helena, e eu não quero vagar pelas ruas, pois é muito perigoso.

Igor chegou à cozinha carregando a bandeja, e Fernando pediu-lhe a chave da edícula. O jovem sorria observando a expressão séria de Fernando, que olhava na direção da edícula e perguntava:

— Também sentiu que existe algo lá? Notou as sombras?

— Sim. O que acha que são essas sombras? — Fernando questionou.

— Não sei. Entrei na edícula depois de sentir que alguém estava analisando todos os meus movimentos. Vasculhei cada centímetro, mas não encontrei nada. Está aqui a chave, mas lhe aviso que vai sentir umas coisas estranhas em seu corpo. Tem algo negativo por lá — Igor recomendou.

Enquanto Paula ensinava Igor a manusear a máquina de lavar roupas, Fernando abria a porta com a arma em punho e falava alto para quem estivesse escondido escutá-lo. O policial avisou que estava entrando armado e que estava pronto para atirar. Ele procurou por todos os cantos, mas não encontrou nada. No entanto, ao passar próximo às duas mulheres, Fernando sentiu calafrios estranhos, o que apontava para o fato de que ali existiam espíritos que precisavam de ajuda. O policial, por fim, deixou a edícula e fechou a porta atrás de si.

187

— Tem razão. Certamente o que está habitando essa edícula não pertence a este mundo. Melhor trazer Marta até aqui. Com sua mediunidade, ela poderá fazer um contato mais direto com os espíritos que assombram a edícula e se livrar deles.

— Não fale assim. João Pedro mostrará o caminho para os espíritos. Não percebe que podem estar nos ouvindo?

— Tem razão. Estou colocando medo nos fantasmas! — brincou Fernando.

Irina e Alzira ficaram ainda mais preocupadas, pois temiam ser expulsas. Da última vez que isso ocorrera, as duas por pouco não foram presas por uma gangue de espíritos que rondava as ruas. As duas correram para a igreja, e eles foram impedidos de entrar atrás delas. Irina e Alzira saíram de lá coladas em Helena e assim permaneceram em sua companhia.

— Irina, quem são Marta e João Pedro?

— Não sei. Talvez ela seja como os amiguinhos da mulher que nos protegia.

— Como aqueles que estão nos centros espíritas? Não quero ser expulsa novamente. Tivemos de correr muito para não sermos presas por aquele grupo de espíritos que desejava conversar conosco mansamente. A conversa começou suave e depois foi ficando mais intimidadora. Se recorda disso? — Alzira questionou.

— Claro. Eles disseram: "Ou vocês a deixam em paz, ou vamos afastá-las definitivamente de uma forma eficaz". Senti medo naquela ocasião. Queriam que nós os acompanhássemos a um lugar de refazimento e paz, mas era conversa fiada. Eles queriam nos escravizar como os outros grupos que vagam pelas ruas.

Eu não entro mais nessa conversa mansa de ajuda! Nessa conversa de "vamos levá-las para um lugar bonito cheio de luz e alegria". Esse lugar não existe para fantasmas como nós. A morte é uma cilada. Seria melhor se deixássemos de existir como pensam algumas pessoas — Irina refletiu.

— Mas eu me sinto intensamente viva, Irina! Não quero desaparecer!

— E não iremos, Alzira. Se tomarmos cuidado com essas pessoas, não iremos.

— Às vezes, acho que existe um lugar para os espíritos seguirem com suas vidas. Não é possível que todos fiquem na Terra vagando como nós, Irina!

— Creio que exista, mas nós não fomos aceitas lá. Talvez, nossa crença nos afastou do paraíso celestial. Não fomos boas o suficiente para vivermos com nosso Pai Celeste — Irina tornou.

— Irina, você não acha que essa visão religiosa é um tanto fantasiosa e ingênua? Não sou ruim ao extremo para viver no inferno, mas também não sou boa o bastante para viver no paraíso. Será que não existe um lugar intermediário onde possamos viver longe daqui?

— Não sei, talvez exista. Quero muito ter um pouco de paz. Estou cansada de sofrer. Penso que fui uma religiosa com grande preconceito em relação aos meus irmãos. Como eu os julguei! Talvez seja por isso que continuamos presas na Terra. Eu me arrependo muito de, na hora de minha morte, não ter seguido com o espírito que veio me resgatar. Eu errei tanto...! — Irina respirou fundo, mergulhando em tristeza.

— Não se entregue assim, Irina. É melhor ficarmos atentas com o que virá. Talvez o próximo que abrir a porta desta edícula possa ser aquele que mostrará o caminho novo. Quero conhecer Marta e João Pedro. Estou curiosa.

João Pedro observava as duas a distância. Elas estavam dando os primeiros sinais de que começavam a expurgar a sujeira dos pensamentos enraizados em séculos de preconceito. Suas personalidades estavam sendo transformadas pelo longo período de sofrimento. O expurgo de ideias retrógradas precisava acontecer para dar espaço a questionamentos em busca da verdade de uma vida afastada da Terra. Tudo se modifica quando a mente se amplia, e a verdade é exposta para quem deseja vê-la. João Pedro estava gostando do que via em Alzira e Irina. A presença de Igor ao lado delas passou a ter um efeito positivo.

Em pouco tempo, João Pedro mandaria um grupo de amigos resgatar as duas do planeta. Ele sabia que, depois de tanto sofrimento, em algum momento teria de ocorrer uma transformação. As duas eram duronas e implacáveis em relação ao conceito da homossexualidade. A alegria de Igor, o carinho com que ele tratava Helena, no entanto, abrandaram os corações de Irina e Alzira.

Capítulo 23

Era tarde, quando Fernando deixou Paula na casa de Marta. Ela não retornara ao quarto para se despedir de Helena. Apenas olhou pela fresta da porta e notou que a mãe dormia. Paula, então, beijou o irmão e se foi.

A noite estava linda, e o vento quente que soprava do mar era um convite para um passeio à beira-mar.

— Precisa entrar agora? — Fernando questionou.

— Márcia expiou pela janela quando parou o carro. Seria deselegante não entrar e falar que está tudo bem com Igor. Essa tarde ela estava preocupada com ele. Talvez seu sexto sentido tenha ficado alerta. Márcia é uma mãe muito amorosa.

— Você se sente filha dela, não é?

— Sim. Com ela eu aprendi o que é ter uma mãe atenciosa. Márcia parece ter braços enormes. Em seu abraço cabem todos que a cercam. Sou privilegiada por fazer parte dessa família. Eles me adotaram, e sou-lhes muito grata pelo carinho e respeito com que sou tratada.

— Você me convenceu! Vamos dar um beijo em Márcia e depois caminhamos pela praia. A noite está nos convidando para um passeio à beira-mar.

Márcia abriu a porta, colocou a cabeça para fora e disse:

— Venham tomar uma xícara de café. Acabei de fazer! Está fresquinho.

Os dois entraram, e Márcia rapidamente trouxe uma bandeja com sequilhos que ela preparara para servir no restaurante.

— Provem esses sequilhos. Quero deixá-los ao lado do bule de café no balcão. O que acham?

— Estão deliciosos. Essa é uma ótima ideia.

— Tome, Fernando. Leve esses para sua casa. Está ficando magrinho de tanto trabalhar. Quando ficar de plantão, leve um saquinho no bolso da farda para não ficar com fome. Marta sempre leva alguns.

— Eu sei, ela divide comigo. Adoro seus sequilhos.

— Eu sei. Marta me disse. Mas como está Igor?

— Ele está bem. Mandou-lhe um beijo e disse que está com saudades.

— Não está sendo fácil para ele. Sinto que está triste.

— Mamãe não reconhece o carinho e o cuidado com que é tratada. Igor faz tudo para deixá-la confortável — Paula comentou.

— Não a julgue com rigor, filha, pois Helena ainda tem muito a aprender. Quando a pessoa é rígida demais, a vida usa recursos efetivos para dobrar o mais duro dos homens, nem sempre são recursos agradáveis. Existe um ditado muito usado que diz assim: "Aquele que não aprende por amor, aprenderá pela dor". Nós escolhemos a forma como a vida nos ensinará — Márcia tornou.

— Gostaria que ela aprendesse pelo amor, mas sei que isso é impossível. Ela escolheu aprender com a dor.

— Não fique triste, Paula. A noite está linda. Vamos dar uma volta na praia. Gostaria de vir conosco, Márcia?

— Não, estou cansada. Caminhei muito na cozinha hoje. Vão vocês para namorar um pouco.

Paula ficou corada com a afirmação de Márcia. Pensava que era muito cedo para iniciar um novo relacionamento amoroso, afinal ainda era casada com Humberto.

— Não fique constrangida, filha. Aproveite, pois a vida é uma só e nos convida para ser felizes. Fernando é um jovem maravilhoso e íntegro. Nesse rapaz você pode confiar. Eu lhe garanto.

— Tem uma defensora! Veja só! — Paula brincou.

— Eu realmente sou especial, e você também é, Paulinha. Uma mulher linda e inteligente que escolheu se dar uma nova oportunidade de ser feliz. Eu sou sua alegria, bela Paula.

— Convencido!

— Brinco para vê-la mais feliz! E não sou convencido, sou realista. Não me coloco como menos ou pequeno. Sou um homem de valor. Não sou melhor ou maior que ninguém. Sou exatamente do tamanho que posso ser. Simples, natural e apaixonado por você!

Márcia fechou a porta sorrindo, e os dois se afastaram brincando em uma discussão animada. Ela se recolheu sabendo que Paula ficaria em boa companhia. Essa noite, Marta não retornaria para casa, pois estava de plantão. Bruno e Romeu pescavam, e ela dormiria tranquila.

Fernando parou perto de onde a onda lambe a areia e segurou Paula com seus braços fortes. Seus lábios procuraram os dela, e os dois trocaram beijos quentes. Em seguida, Fernando a levou de volta para o carro.

— Não podemos ficar mais à vontade no carro. Venha para meu quarto. Márcia deve estar dormindo e não notará nossa presença — Paula sugeriu.

Os dois subiram a escada em silêncio para não despertar Márcia, entraram no quarto e fecharam a porta.

Quando Fernando retornou para a cidade, o sol desenhava no mar seu caminho de brilho dourado. Fora difícil deixar Paula deitada na cama depois de uma noite maravilhosa ao seu lado.

Antes de tudo acontecer, Paula estava assustada, pois apenas conhecera um homem intimamente, e Humberto, desde o início do relacionamento, não se mostrara gentil e amoroso. Era inevitável não comparar os dois na intimidade.

Fernando se mostrara carinhoso e despertara nela um forte desejo. Ele a tratara como uma rainha e a cobrira de carinho. Paula estava feliz, e o sorriso não deixava seus lábios. Quando Fernando deixou o quarto, ela, após uma longa despedida, se virou para o lado e tentou adormecer, mas a felicidade fazia seu coração disparar. Nunca imaginara que o amor pudesse ser tão diferente.

Paula levantou-se da cama e foi tomar banho. Ainda era cedo, quando fechou o chuveiro e se enrolou na toalha para secar o corpo. De repente, ela ouviu um ruído na porta e sorriu quando notou que Fernando retornara. Ele a segurou pela cintura e disse:

— Estava no meio do caminho, quando me lembrei que havia esquecido algo.

— O que você esqueceu?

— De lhe dar mais um beijo e lhe desejar um bom-dia.

— Tenha um bom dia, amor.

Fernando abraçou Paula e a beijou nos lábios, levando-a para cama novamente.

— Você vai se atrasar para o trabalho dessa forma.

— Compensarei depois. Senti tanta saudade que precisei voltar. Eu já lhe disse que a amo?

— Esta noite? Milhares de vezes. Eu também repeti essas palavras ao seu ouvido algumas vezes durante a noite passada.

— Paulinha, eu voltei porque queria lhe fazer uma pergunta.

— Faça.

— Você aceita se casar comigo?

Paula sorriu e, beijando Fernando nos lábios, respondeu:

— Aceito, mas temos que esperar pelo divórcio. Será mais fácil se aquele canalha assinar, sem termos de partir para o litigioso.

— Não se preocupe. Farei Humberto assinar.

— Eu não duvido que o faria assinar, mas primeiro você terá de encontrar Humberto. Não se esqueça de que ele é um fugitivo da polícia.

— Sou um policial, amada. Eu encontrarei esse verme, e você ficará livre para se casar comigo. Agora tenho que ir para a delegacia. Se pudesse, ficaria nesta cama o dia todo amando você.

Fernando desceu a escada, tentando não fazer barulho, mas, quando chegou ao piso inferior da casa, sentiu um aroma agradável de café sendo preparado na cozinha. Uma voz ecoou na sala, vindo da porta dos fundos.

— Venha tomar seu café da manhã, Don Juan. Não fuja nem subestime minha inteligência.

— A senhora percebe todos os movimentos nesta casa, dona Márcia.

— E fora dela também! Tenho essa amplitude sobre o que se passa ao meu lado. O relacionamento ficará sério depois dessa noite? Deixe lhe explicar uma coisa, Fernando. Paula é uma moça adorável e já sofreu muito nesta vida. Se você estiver com ela somente pela beleza física, eu lhe peço que se afaste dela. Não faça essa doce moça sofrer, meu querido príncipe de ébano.

— A senhora tem grande consideração por Paula, não é, dona Márcia?

— Ela chegou aqui desacreditada da vida e está aprendendo a se impor, fazendo suas escolhas. No entanto, Paula ainda é indecisa e frágil devido ao sofrimento que passou com aquele...

— Eu amo Paula, dona Márcia, e acabei de pedi-la em casamento. Pela primeira vez em minha vida, desejo ficar ao lado de uma mulher para sempre. A senhora me conhece. Eu nunca me relacionei seriamente com nenhuma mulher, mas desta vez estou amando.

— Fico mais tranquila em ouvi-lo falar de amor. Então... ela aceitou seu pedido?

Paula entrou na cozinha e respondeu animada, abraçando Márcia por trás, enquanto ela olhava o leite ferver sobre o fogão.

— Eu aceitei, e nós vamos nos casar! A senhora e seu Romeu serão nossos padrinhos! O que acha? Estou completamente apaixonada por esse lindo príncipe negro.

Os dois se beijaram, e Márcia, sorrindo, levou o leite até a mesa, encheu uma xícara com café e se sentou, apressando o casal a se alimentar.

— O café está esfriando! Vamos parar com esse agarramento, meus queridos! Vocês estão me deixando constrangida.

Nesse momento, Marta chegou em casa e seguiu para a cozinha, ouvindo as vozes que vinham de lá.

— Bom dia a todos! Senti um cheirinho delicioso e estou faminta.

— Bom dia, filha. Tome seu café e suba para descansar. Você deve ter tido uma noite cansativa em seu plantão.

— Foi bem agitada sim. Vocês não imaginam quem está se hospedando agora na carceragem.

— Prenderam o ladrão do mercadinho?

— Não. O peixe é maior, e junto com ele trouxemos uma manjubinha.

— Quem é essa manjubinha? Deve ser uma pessoa insignificante, afinal a manjubinha é um peixe tão pequeno.

— Esse prisioneiro é insignificante para a polícia. Prendemos o chefe do tráfico e junto com ele trancafiamos Humberto.

Paula olhou para Fernando e falou alegre:

— Agora ficou mais fácil, amor! Ele assinará o divórcio! Poderemos nos casar rapidamente.

— Casamento?! — Marta perguntou.

— Nós vamos nos casar, e você será nossa madrinha.

— Me pegaram de surpresa! Paulinha, tem certeza de que deseja se casar com esse maluco? Se não usasse farda, Fernando estaria usando uma camisa de força! Ele é louco, Paula! Fuja enquanto é tempo — Marta brincou.

— Não consigo fugir desse amor. Tenho certeza do que quero. Estava fazendo planos para o futuro, quando notei que Fernando estava em todos eles. Quero ficar ao lado dele para sempre.

— Uma vez apaixonado, o indivíduo sempre recai no mesmo erro da paixão! Paula, conte comigo! Tudo o que quero é vê-la feliz. Eu preferia que você se descobrisse primeiro, antes de se colocar nos braços de outro homem e ter seus olhos tapados pelo amor. Mas, se ficar burra novamente, eu juro que arranco a venda de seus olhos à força! E você, príncipe de ébano, não se atreva a fazer essa moça sofrer! Eu acabo com você, Fernando!

— Parece que Paula tem defensoras implacáveis! Estou perdido com essas duas mulheres malucas. Prometo fazer de Paula, minha loirinha linda, a mulher mais feliz do mundo.

Capítulo 24

Uma semana depois, Helena deu entrada no hospital para fazer a cirurgia no fêmur. Igor levou uma pequena mala com as roupas da mãe e ficou no quarto esperando a cirurgia terminar.

Paula entrou no hospital apressada. O ônibus demorara para chegar ao ponto, pois ocorrera um acidente no caminho e a avenida principal tivera o trânsito desviado para as ruas adjacentes, deixando a cidade congestionada. Paula procurou por Igor e acabou encontrando Margarete no balcão da enfermagem.

— Como está, Paula?
— Bem! E você, minha enfermeira preferida?

— Estou ótima. Veio visitar seu marido?

— Marido...?

— Humberto chegou faz alguns minutos. A polícia o trouxe em estado grave.

— Não sabia. Estou aqui, porque mamãe veio fazer uma cirurgia no fêmur. Estou procurando Igor, meu irmão.

— Claro! Venha comigo! Igor está na ala feminina em um quarto particular. O convênio de Helena cobre esse luxo.

— Você sabe como Humberto está? O que aconteceu para ele estar internado?

— Não assistiu aos jornais de ontem à noite? Não se fala de outra coisa na TV local. A delegacia da cidade sofreu um atentado. O chefe do tráfico estava preso em uma das celas, e seu bando invadiu a delegacia para libertar o chefe. E antes de partir, o chefe do tráfico atacou seu delator.

— Humberto?

— Sim, eles foram presos devido a uma bobagem que Humberto fez. Não sei ao certo. Posso apenas lhe dizer que Humberto fez deste homem seu maior inimigo. O corpo do seu marido foi perfurado por várias balas. Ele está sendo operado há muitas horas. O estado de Humberto é crítico, Paula.

— Sinto muito por ele, Margarete, mas Humberto está colhendo agora o que plantou. Você sabe dizer se na delegacia alguém mais se feriu durante o ataque? Marta, minha amiga, é policial e estava de plantão essa noite. Ela ainda não voltou para casa... Margarete, poderia me fazer um favor? Poderia dizer ao meu irmão o que sabe e lhe contar que estive aqui. Vou à

201

delegacia. Preciso ter notícias de Marta e de um amigo que estavam de plantão essa noite.

Paula saiu apressada do hospital, e Margarete foi dar o recado de Paula a Igor.

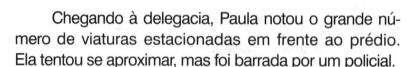

Chegando à delegacia, Paula notou o grande número de viaturas estacionadas em frente ao prédio. Ela tentou se aproximar, mas foi barrada por um policial.

— A senhora não pode entrar. Nós interditamos o prédio.

— Pode dar um recado ao policial Fernando? Ou para Marta?

— Não posso deixar meu posto.

— Tentei ligar para o celular dos dois, mas só tem caído na caixa postal. Preciso saber se eles estão bem. Sou a noiva de Fernando e uma grande amiga de Marta. Estou aflita para ter notícias deles. Meu noivo não apareceu essa manhã. Ele havia combinado de me pegar e de me trazer à cidade.

— Não posso deixar a porta, senhora. Quanto aos celulares, todos foram levados pelos meliantes. Não ficou um só aparelho nesta delegacia.

— Como terei notícias de meu noivo e de Marta?

Dois investigadores passaram pela porta da delegacia e ouviram Paula. Sentindo a aflição da moça, intervieram.

— Deixe-a entrar. Sou amigo de Fernando. Reconheceria de longe a bela mulher que conquistou meu amigo.

Paula entrou na delegacia e acompanhou o investigador até uma sala. Ele pediu em seguida:

— Fique aqui. Chamarei Fernando e Marta.

Minutos depois, os dois entraram na sala e abraçaram Paula, que disse:

— Graças a Deus os dois estão bem!

— Não deveria ter vindo, amor. Podem levantar suspeitas, afinal você é a ex-mulher do homem que foi baleado.

— Soube que Humberto está passando por uma cirurgia complicada. Precisava saber se vocês estavam bem.

— Estamos bem. Diga à minha mãe que logo estarei em casa. Nós ficamos detidos nesta confusão, e eu não pude ligar para ela. Todos os telefones foram cortados e os celulares foram levados pelos bandidos. Fiquei preocupada com mamãe, mas não tive como avisá-la de meu atraso. Poderia tranquilizá-la, Paulinha? — Marta pediu.

— Claro, mas deve ser tarde demais. Soube que a TV local não dá outra notícia nesta manhã. Lá fora há muitos jornalistas.

— Isso complica tudo, Paula. Como evitar que a reconheçam? — Fernando perguntou.

— Não pensei nisso, amor. Estava desesperada para ver se vocês estavam bem.

— O investigador só a deixou entrar pois a reconheceu como a ex-mulher de Humberto Souza?

— Não. Eu contei a ele que nós...

— Tudo bem. Vou levá-la até a porta. Infelizmente, ainda não podemos deixar a delegacia. Um dos bandidos se escondeu no prédio, e nós suspeitamos que ele ainda esteja aqui.

— Voltarei ao hospital e ligarei para Márcia para avisar que está tudo bem. Quer usar meu celular para ligar para ela?

— Melhor não. Você nem deveria estar aqui. Podem captar a ligação, e não sei como explicar sua presença na delegacia. Toda a corporação está alerta, querendo mostrar serviço. Foi degradante para nós a entrada desses bandidos na delegacia.

Paula saiu da delegacia, e os jornalistas a abordaram colocando microfones e celulares próximos aos seus lábios. Todos esperavam obter uma palavra da mulher de Humberto Souza. Foram tantas as perguntas que deixaram Paula atordoada. Ela não sabia como se livrar daquela situação.

Marta e Fernando tentaram dispersar os jornalistas e, depois de empurrarem a todos, colocaram Paula em um táxi. Muitas fotos foram tiradas, e Paula ficou muito contrariada com todo aquele assédio. O motorista arrancou deixando para trás a multidão de jornalistas, que buscava notícias.

Chegando ao hospital, Paula descobriu que Fernando e Marta haviam colocado algumas notas para ela pagar ao taxista. Suas mãos tremiam, e, quando ela abriu os dedos, compreendeu que tinha dinheiro suficiente para pagar a corrida.

Paula desceu do carro e entrou rapidamente no hospital. Antes de sair do automóvel, ela já notara um grupo de jornalistas próximo à porta principal e discretamente deu a volta no prédio, entrando pela área de serviço. Não desejava enfrentar os jornalistas novamente.

A moça encontrou o quarto onde Igor estava esperando notícias da cirurgia de Helena. A televisão estava ligada, e ele estava assistindo ao noticiário local. Quando Paula entrou, o rapaz comentou:

— Neste momento, você é a mulher mais famosa desta cidade e das adjacências.

— Não brinque com isso, Igor. Foi horrível lidar com todos aqueles microfones rodeando meu rosto, quando saí da delegacia. Fui até lá para obter notícias de Fernando e Marta.

— Eles estão bem?

— Sim. Estão procurando um fugitivo, um dos comparsas do traficante que foi libertado. Fernando e Marta acham que talvez ele esteja escondido no prédio da delegacia.

— Você sabe como está Humberto? Qual seu estado? — Igor questionou.

— Não. Não me importo nem um pouco com a saúde desse canalha, bandido, covarde...

— Você está nervosa, Paula. Respire fundo, maninha. Mantenha a calma. Aqui você está segura. Ninguém virá perturbá-la.

— Estou tentando me controlar. Preciso ligar para Márcia, pois tenho de avisá-la que Marta está bem. Ela deve estar preocupada com a filha.

— Deixe que eu ligo para ela. Fique tranquila. Se você falar com Márcia nessa agonia, ela ficará mais angustiada e pensará que algo grave aconteceu com Marta. Sente-se no sofá e descanse. Está tudo bem, Paulinha. Passou.

Pouco depois, Igor ligou para Márcia, que estava muito aflita sem notícias da filha, e deu-lhe notícias sobre Marta. Antes de encerrar a ligação, o rapaz ainda lhe contou que Humberto também estava passando por uma cirurgia e que seu estado era grave.

— Diga para Paula manter a calma. Vou ao hospital para ficar com vocês. Bruno e Romeu acabaram de chegar da pescaria e cuidarão da lanchonete enquanto organizam o pescado no freezer. Qual é o número do quarto de Helena?

Igor passou o número para Márcia e, quando encerrou a ligação, ouviu batidas na porta do quarto. Era Margarete, que procurava Paula sem notar que ela estava deitada no sofá.

— Paula não entrou aqui?

— Estou aqui, Margarete. Aconteceu alguma coisa? Mamãe está bem?

— Dona Helena continua na cirurgia. O que me traz aqui é outro motivo, Paula.

Os olhos de Paula questionavam Margarete, que respondeu imediatamente:

— Humberto está em seus últimos momentos de vida. Ele a está chamando. Não conseguiram estancar o sangramento. O pulmão de Humberto foi perfurado por uma bala. Quer falar com ele?

— Não.

— Paula, não se recusa um último pedido a um moribundo. Sei que ele lhe fez muito mal, mas traga em suas lembranças a infância e adolescência que passaram juntos. Traga para sua mente as boas recordações. As recordações do tempo em que ele era um amigo querido. Não lhe negue um último encontro. Eu irei com você.

Paula estava trêmula. Igor a segurou firme pela cintura, e os dois seguiram Margarete até a porta da UTI, onde Humberto estava ligado a máquinas. Abraçada a Igor, Paula ficou diante do ex-marido.

Os olhos de Humberto se abriram, e ele sussurrou:

— Me perdoe! Perdão, Paula! Tenho medo da morte.

Paula se penalizou com o estado de Humberto, mas nada respondeu. Não conseguia esquecer tudo o que ele lhe fizera durante os anos de um casamento torturante. Se o perdoasse naquele momento, não estaria sendo sincera. A única coisa que conseguiu dizer foi:

— Siga seu caminho em paz, Humberto. Quem sabe um dia eu possa vir a perdoá-lo. Sinto pela forma como as coisas acabaram para você. Tudo poderia ter sido diferente, se você não fosse tão violento. E pensar que um dia eu o amei...

Humberto deixou as lágrimas rolarem por sua face e deu seu último suspiro, deixando o corpo nesta dimensão.

Ao se ver desprendido de seu corpo físico, o espírito de Humberto se apavorou, se levantou da cama e tentou deixar a UTI, mas, antes que pudesse sair, nas sombras mais escuras do quarto surgiram espíritos em um tom cinza, indicando total afastamento da luz. Esses espíritos levaram Humberto, que gritava desesperadamente em pânico até desaparecer do quarto.

Capítulo 25

Após a confirmação da morte de Humberto, Paula ficou triste, mas sabia que ele escolhera aquele caminho. Quando se casou com Humberto, reconheceu suas atitudes mais violentas, mas imaginava que eram apenas fruto de nervosismo e que ele mudaria com o tempo.

Paula tentou modificar o comportamento de Humberto, e, a cada tentativa, ele ficava mais violento até que passou a espancá-la sem motivo algum. Vendo Humberto morrer na sua frente, ela percebeu que todos os seus esforços foram inúteis e que não conseguira modificá-lo. Seu amor não o fizera mudar.

Paula reconhecia que se iludira e colhera frutos amargos por aquela ilusão.

— Ninguém muda o outro, não é mesmo?

— Não, Paula. Não temos esse poder — respondeu Margarete, que a conduzia de volta ao quarto de Helena. — Não se culpe por não conseguir perdoá-lo. Com o tempo, sua dor será amenizada e você conseguirá cortar esse laço de ódio que liga vocês dois ainda.

— Eu não odeio Humberto. Tenho mágoa e ressentimentos que ainda não superei. Ódio é uma palavra forte demais.

— Você pode querer mudar o nome desse sentimento que está dentro de você, mas a palavra correta é ódio, Paula. Aprendi muito com a vida e posso lhe garantir que você sente ódio de Humberto. Limpe essa mácula escura de sua áurea, filha. Tenho sensibilidade e posso vê-la como uma mancha escura em sua energia. Em uma próxima reencarnação, vocês dois podem nascer como irmãos gêmeos.

— Deus me livre desse irmão! Quero distância de Humberto!

Margarete estava saindo do quarto, quando Igor perguntou curioso:

— Pode explicar melhor sua teoria?

— Não é minha teoria, Igor. São coisas que realmente fazem sentido e que eu aprendi com amigos espirituais. O ódio liga os espíritos, que se comprometem uns com os outros. Ocorrendo uma ligação forte, eles acabam vivendo juntos. Muitos nascem do mesmo útero materno em uma única gestação. Enquanto esse elo negativo não for quebrado, esses espíritos permanecem unidos por esse sentimento extremamente negativo. Mas o oposto também ocorre com os espíritos que nascem juntos. O amor também pode uni-los com a mesma intensidade. Tudo é exagero e precisa ser controlado em uma medida que equilibre os sentimentos. Amar demais também é prejudicial. O amor não deve retirar a liberdade do outro ou fazer escolhas pelo ente amado. Liberdade é o que é esperado para nossa evolução. A independência é primordial para darmos os primeiros passos no caminho da evolução individual.

— É estranho ouvir esse conceito de sentimentos. Nunca imaginei que o ódio unisse as pessoas.

— Une sim. É como se uma se algemasse à outra por meio de filamentos energéticos. Quando o espírito deixa a Terra após o desencarne, toda sensação fora deste planeta se torna mais intensa. O sentimento de um espírito é forte. Se ele, na Terra, estava amando, na nova dimensão esse amor se tornará infinitamente mais forte, a ponto de perturbá-lo dependendo do nível de evolução em que esse ser se encontra. O mesmo, Paula, ocorre com a raiva. Aqui, a raiva pode ser uma coisa sem grande importância, mas, do outro lado, esse sentimento pode se tornar um ódio incomensurável. Quebrar esse sentimento do outro lado é mais difícil. Por essa razão que acredito que Jesus deixou essa frase a seus apóstolos: "Fiquem em paz com seus inimigos enquanto estão juntos". Para evoluírem, os espíritos precisam estar com a consciência leve, pura, ou terão de ficar ao lado dos seus inimigos até aprender a amá-los. É simples assim. O amor move o universo, meus queridos. Não o ódio.

— Compreendo o que fala, Margarete. Faz sentido... Essa interpretação sobre uma frase que se aplica às mensagens que Jesus nos deixou é diferente. Humberto se foi, e Paula perdeu uma grande oportunidade de se libertar desse laço que os une.

— Não resolveria nada dizer que o perdoava, se esse perdão não fosse sincero. Um dia, ele conseguirá cortar esse laço. Espero que não cheguem a esse extremo de nascerem juntos no mesmo útero e passarem uma vida inteira para se conhecerem melhor, fazendo a transmutação do ódio para o amor.

— Tentarei analisar meu passado com outro olhar, afinal eu também fui responsável pelo que passei — Paula concluiu.

— Desculpa, Paula, mas você foi totalmente responsável pelo que passou, afinal nós escolhemos o tempo todo. Você estava vivendo uma ilusão que criou. Casou-se com Humberto imaginando que ele mudaria sua personalidade para se ajustar ao seu ideal de marido. Isso não ocorreu, e você permitiu que a violência se instalasse em sua vida. Se colocou como pequena, frágil e sem forças, e ele abusou de sua fraqueza. Percebe que você escolheu, mesmo sem saber que estava escolhendo?

— É estranho como você coloca as situações! Quer dizer que sou responsável por tudo o que me aconteceu? Parece-me crueldade dizer isso dessa forma.

— Afirmo que é, Paula. A única pessoa que tem o poder de modificar as situações é você mesma. Escolha como enfrentar as situações. Lá fora, por exemplo, há vários jornalistas a esperando para obter uma notícia de Humberto. Você é o alvo neste momento. Fugirá deles ou os enfrentará de cabeça erguida, ciente de que não deve nada a eles? Posicionar-se é fundamental,

Paula. É uma escolha. Não acha que já sofreu muito por se sentir menor que as outras pessoas? Você tem valor! Enfrente as situações.

— Estou pasmo com essa revelação. Sabia que às vezes eu pensava dessa forma! "Eu sou a pessoa mais importante de minha vida", eu dizia em meu íntimo. Quando mudei esse pensamento e me coloquei em segundo lugar, fui penalizado pela vida. Por um lado, nós aprendemos na infância que seria pura vaidade nos colocar nesse nível de entendimento, mas... o que é vaidade? E o que é se colocar em seu devido lugar respeitando-se e não se rebaixando? — Igor comentou.

— Vejo que causei em vocês um conflito de ideais. Vocês são dois irmãos de que gosto muito. Igor é amigo de meu filho Nelson, e eu conheço vocês dois desde quando nasceram. Sei que tiveram uma infância pontuada por regras e preceitos religiosos complexos e sei que Helena sempre foi uma mulher muito religiosa e os criou sob um forte rigor dogmático. Nunca pensaram que ela estava errada?

— O tempo todo, eu sentia que mamãe exagerava. Eu odiava quando ela me obrigava a comparecer às missas aos domingos de manhã, mas, se eu me negasse a ir, ela me colocava de castigo, proibindo-me de assistir à TV por toda a semana. Algumas vezes, nós desejávamos fugir de casa, não é, Paula?

— Não gosto de me recordar desses momentos. Parecia que o divertimento era errado para ela. Depois que me tornei uma adolescente, passei a ludibriar mamãe escapando para namorar Humberto na praia. Acabei me casando cedo para fugir do controle excessivo dela. Penso que fui castigada por enganar mamãe naquela época.

— E quem a castigou, Paula? Deus? — Margarete questionou.

— Pensamento pequeno e tolo não é mesmo?! Tenho que rever meus conceitos antigos, pois ainda mantenho esse tipo de pensamento limitante na cabeça.

— Basta repetir para si mesma: "Eu sou a única responsável por mim. Eu sou senhora absoluta de minhas escolhas". Paula, a vida age de acordo com aquilo em que você acredita, com aquilo onde você coloca sua fé e com a energia que estabelece todos os seus critérios, na base de sua formação. Às vezes, você deseja muito que algo aconteça, mas na base mantém crenças negativas. Assim, o que você deseja é afastado e não acontece. Nós nos boicotamos, Paula. Cortamos as bênçãos que chegam para nós. Mude a forma de pensar e de ver a vida que tudo ficará melhor. Escolha o melhor para si. Bem, agora tenho que voltar ao trabalho. Quando Helena sair do pós-operatório, estarei novamente com vocês.

— Espere, Margarete. Onde podemos encontrar esses novos pensamentos? Você frequenta algum centro espírita na cidade?

— Não sou ligada à religião alguma, pois não suporto depender de líderes religiosos. Como lhe disse, tenho sensibilidade e tenho amigos espirituais com os quais troco informações. Eles dizem que está na hora de aprendermos como tudo realmente funciona no universo e as leis que nos permeiam e desconhecemos. Estamos sob essas leis em qualquer dimensão. Como meus amigos dizem, Deus deixou tudo em nossas mãos, pois Ele tem mais o que fazer. Ele tem de cuidar de um universo imenso. Não precisamos de babás. Temos de crescer, e, para isso, fazer melhores escolhas é fundamental.

Margarete fechou a porta do quarto e saiu caminhando pelo largo corredor do hospital. Uma hora depois, Helena foi levada por duas enfermeiras até o quarto.

Capítulo 26

Era madrugada, e Paula estava ao lado da mãe para que Igor pudesse descansar em casa de um dia cansativo. Helena continuava dormindo, e seu sono estava agitado. Com o braço direito, ela segurava o esquerdo e o agitava no ar. Helena não se conformava com o AVC que sofrera e retirara a mobilidade do lado esquerdo de seu corpo. Dormindo, ela se movimentava em um pesadelo interminável.

Paula tentava acalmá-la, tocando em seu braço direito e levando-o de volta para que relaxasse sobre a cama. A moça tentava adormecer novamente, e, quando pegava no sono deitada no sofá, Helena novamente se agitava a despertando.

Na madrugada, uma enfermeira entrou no quarto para medicar Helena. Paula estava acordada e continuou deitada no sofá. A mulher não acendeu a luz para não despertar a paciente bruscamente. A iluminação do quarto era tênue e vinha das luminárias posicionadas em pontos estratégicos do quarto.

Paula abriu os olhos e notou que, atrás da enfermeira que colocava a medicação no soro, havia duas freiras vestidas com hábitos escuros. A moça se questionava sobre o motivo que levara aquelas duas religiosas ao quarto de sua mãe e analisava o comportamento das duas mulheres, que ficaram em pé atrás da enfermeira, gesticulando uma com a outra. Elas pareciam se comunicar por telepatia e por meio de gestos estranhos.

As duas freiras, por fim, rodearam a cama de Helena, e Paula notou que uma delas, a mais nova, chorava e parecia um pouco aflita. "O que está acontecendo?", perguntava-se Paula, olhando aquela cena estranha.

Antes de a enfermeira deixar o quarto, Paula perguntou:

— Está tudo bem com mamãe?

— Sim, Helena está com os batimentos normais, e a pressão arterial está de acordo. Não se preocupe. Sua mãe está bem e vai se recuperar rapidamente da cirurgia.

— Por que as freiras estão aqui?

— Freiras?!

— Sim. As duas freiras que estão do outro lado da cama de mamãe.

— Desculpe, mas não a compreendi bem. Você disse freiras?

— As duas que estão ali... — Paula não conseguia mais vê-las. — Estavam ali do outro lado da cama! E uma delas chorava!

— Assim você me deixa com medo! Aqui não havia ninguém, moça. As freiras que você viu não eram deste mundo! Não vejo a hora de terminar meu plantão! Estou com medo.

— Não queria assustá-la. Tem certeza de que não viu as duas religiosas ao seu lado?

— Pare com isso, moça! Eu preciso continuar meu trabalho. Não gosto dessa brincadeira de assombração.

A enfermeira saiu rapidamente do quarto, e Paula ficou intrigada com aquela visita esdrúxula. "Quem são aquelas freiras?", perguntava-se. A moça lembrou que sua mãe era extremamente religiosa e que as duas poderiam estar ali para visitá-la. Decidiu que perguntaria a Marta ou a Margarete, que entendiam de espíritos, se uma visita como aquela era possível. Paula adormeceu e, por mais duas vezes, teve a impressão de ter visto as duas religiosas ao lado da cama de Helena.

Eram sete horas da manhã, quando Margarete entrou no quarto e abriu a janela dizendo:

— Bom dia, meninas! Vamos acordar para este novo dia! O sol veio dar um bom-dia a todas.

— Bom dia, Margarete. Chegou cedo hoje?

— Hoje, eu tenho plantão. Meu dia começa bem cedo, Paulinha.

Ao ouvir o nome da filha e com a entrada de Margarete no quarto, Helena despertou e ficou agitada.

217

Queria expulsar Paula dali, mas não conseguia pronunciar as palavras com a expressividade que traduzisse seu desejo. Os grunhidos soltavam de seus lábios tortos.

— O que foi, minha querida? Não gostou de eu ter a acordado cedo? É preciso acordar, Helena. Você precisa tomar um banho, e depois trocaremos a roupa de cama e serviremos seu café da manhã. Sua filha a ajudará.

Nesse momento, Helena ficou agitada novamente, e Paula ficou em pé diante da mãe, dizendo:

— Bom dia, mãe. Não precisa ficar agitada. Igor logo estará de volta para lhe fazer companhia — olhando para Margarete, Paula complementou: — Ela não suporta minha presença. Quer que eu deixe o quarto.

— Seria bom que as duas usassem de tolerância uma com a outra. Helena tem somente você e Igor para olharem por ela. É preciso ter tolerância e compreensão para lidar com fatos que não somos capazes de modificar. Deus não me abençoou com uma filha, mas me deu Nelsinho, que é a luz do meu olhar. Se eu tivesse uma moça bonita como essa como filha, seria grata por ela estar ao meu lado cuidando de mim. Agradeça, Helena, pela bênção de ter Paula ao seu lado nesse momento. Devemos mostrar gratidão sempre para abrir mais bênçãos em nosso caminho.

Helena ficou quieta, sentindo que suas atitudes foram reprovadas. Paula se manteve afastada do leito da mãe até Igor chegar.

— Bom dia, Paula. Fernando a está esperando na recepção. Você tem providências a tomar a respeito de um enterro.

— Não!

— Não adianta querer fugir, Paula. É preciso providenciar o sepultamento, ou o corpo de Humberto será enterrado como indigente. Gostaria de ajudá--la, mas mamãe precisa de mim. Quando ficar bem, dona Helena, nós a deixaremos como deseja, mas, enquanto estiver doentinha, estaremos por perto. É uma forma de agradecer à senhora por tudo que fez por nós na infância.

— Tenho que ir, Igor. Não gosto de deixar Fernando me esperando. Vamos enterrar Humberto. O triste será dar explicações à imprensa.

— Os jornalistas estão agitadíssimos na porta do hospital. Seja cordata e elegante. A mulher do bandido é uma sofredora lamuriosa. Chore e diga em sussurros aos microfones: "Mataram meu marido! Como cuidarei dos dez filhos que ele deixou?".

— Pare de brincadeira, Igor! Conte para mamãe o que aconteceu. Não percebe os questionamentos em seu olhar? Fique bem. À noite, virei para que você descanse. Até mais tarde, mamãe. Tenha um bom-dia.

Helena, que havia recebido uma bolinha para começar os exercícios de fisioterapia, jogou-a na direção de Paula, quando a moça se preparava para deixar o quarto. Paula segurou a bolinha no ar e a jogou na direção de Igor. Ela decidira que os maus-tratos de Helena não a magoariam nunca mais. A moça usava de brincadeira para alegrar o ambiente.

Quando Paula deixou o quarto, Igor perguntou para a mãe:

— Por que tanta maldade, mãe? Paula sempre foi uma boa filha, e eu faço de tudo para deixá-la confortável. Coloque a mão na consciência, mãe. Somos

219

tudo o que a senhora tem nesta vida e tentamos não levar a sério seus maus-tratos. Bem, preciso lhe dizer que Humberto foi morto dentro da delegacia por um traficante. Eu sinto por essa morte trágica e sofrida. Não tenho raiva de Humberto pelo que ele me fez. A senhora tem raiva dele?

Igor colocou um caderno e uma caneta na mão direita de Helena, e ela escreveu:

Tenho vergonha de todos vocês. Quero ficar sozinha! Vocês acabaram com a reputação desta família! Volte para Vitória, e desapareçam os dois da minha frente.

Igor tornou:

— Sinto não poder fazer sua vontade, mamãe. A senhora terá alta do hospital logo... Como ficará sozinha em casa sem poder se mover?

Helena escreveu furiosa:

Se eu pudesse, daria muitos tapas em sua cara neste momento! Saiba que no momento estou tolerando sua presença ao meu lado, mas, depois que eu ficar bem, não pense que voltará a viver em minha casa novamente. Lá não é seu lugar! Quero ver os dois filhos medíocres esquecerem que um dia nos conhecemos! Vocês me envergonharam diante de toda a cidade. Quanto à morte de Humberto, quero que ele queime no inferno!

Igor retirou o caderno de Helena, pois ela se comprometia cada vez mais com as bobagens que colocava para fora por meio da escrita. Helena era uma mulher extremamente revoltada com a vida. Se as coisas não saíssem como ela desejava, não lhe serviam mais. Ela julgava e condenava quem não caminhasse de acordo com seus parâmetros criteriosos.

— Mamãe, quando a senhora se conscientizará de que precisa de seus filhos? Reconheça que, em meio a tanta arrogância, existe uma mulher que precisa de ajuda! Quer passar o resto de sua vida na solidão? A senhora não tem amigos, pois todos se afastaram. Quer realmente que eu a abandone neste momento?

Igor devolveu para Helena o caderno e a caneta, e ela escreveu:

Quero que você e sua irmã desapareçam de minha vida para sempre! Não me considero mais mãe de ninguém. Sou autossuficiente e posso viver sozinha.

Igor leu o que a mãe escrevera e disfarçou quando uma lágrima insistiu em rolar por sua face. O rapaz caminhou até a janela e, olhando para o horizonte, respirou fundo passando a ponta dos dedos no rosto para secar a lágrima. Por fim, respondeu com mágoa:

— OK. Você escolheu, Helena. Eu a deixarei como deseja. A senhora está em um hospital e receberá os cuidados da equipe de enfermagem. Eu desisto. Fui gentil, tentei ser um bom filho, mesmo depois de a senhora me colocar para fora de casa. Mas tudo tem limite. Se precisar de mim, ligue para meu celular. Espero que fique bem rapidamente, para que possa se cuidar quando deixar este hospital. Adeus, Helena. A partir deste instante, eu também não a considero mais minha mãe.

Igor pegou sua mochila que estava sobre o sofá e deixou o quarto sem olhar para trás. No corredor, encontrou Margarete, que o deteve quando notou que ele chorava copiosamente.

— O que aconteceu, meu querido? Por que está chorando dessa forma?

Margarete o levou para o outro lado do balcão de enfermagem e o fez sentar-se em uma cadeira. Por fim, perguntou:

— Aonde vai com essa mochila nas costas?

Entre soluços que o deixavam trêmulo, ele respondeu:

— Desisti, Margarete. Ela não quer minha presença em sua vida! Eu tentei por amor a ela! Por respeito! E por ser minha mãe. Não tenho mais forças para suportar tanta ingratidão. Vejo o ódio nos olhos dela quando me aproximo. Desisto.

— Ei! Quem disse que você receberia amor em troca? Igor, você está fazendo o seu melhor por compaixão. Você não é um fraco! Somente os fracos desistem se acovardando. Você se mostrou forte até aqui! Volte lá, Igor, e mostre que você é muito melhor que ela e que tem algo que ela desconhece: compaixão pelo próximo. Sua persistência um dia acabará ensinando à sua mãe a ser mais maleável. Helena é uma mulher mimada. Veja-a como uma criança mal-educada. Eduque-a com seu exemplo de bom filho. Não desista, Igor. Você é forte e pode suportar a má-criação dessa menina que passou dos cinquenta anos!

Igor chorava, e Margarete, depois de oferecer um copo de água gelada, continuou.

— Helena ficará internada no hospital por mais dois dias. Saia um pouco e deixe que cuido bem dela. Depois, sugiro que contrate uma cuidadora competente, quando ela estiver em casa. Sei que Helena precisará de uma fonoaudióloga e de uma fisioterapeuta para que tenha uma melhora significativa. O AVC comprometeu a fala dela e toda a parte motora do lado esquerdo. Com um bom acompanhamento, ela terá uma vida praticamente normal. Tudo isso, no entanto, envolve um custo alto, mas Helena tem um convênio que cobre o tratamento completo. Os profissionais irão até a residência trabalhar com a paciente até que ela consiga se locomover melhor. Vocês têm como pagar uma cuidadora? Posso recomendar uma colega que está precisando de trabalho.

— Eu conseguirei o dinheiro. Faço tudo para não ser espancado cada vez que tiver de dar banho nela. Estou tão magoado... Não sei o que acontece. Sinto-me frágil demais hoje.

— É normal. Há dias em que estamos um pouco mais vulneráveis à tristeza. Você deve ter se sensibilizado com a cirurgia que Helena enfrentou ou talvez com a morte de Humberto.

— Pode ser isso. Quando soube que ele estava morto, fiquei triste. Minha memória me levou ao passado, para o tempo em que Humberto era um adolescente brincalhão e corria para o mar com sua prancha de surfe. Eu era criança e brincava na areia fazendo castelinhos. Por que ele se transformou em uma pessoa tão rude? Por que se perdeu no caminho? Veja o final trágico dessa trajetória, que tinha tudo para ser bonita. É triste morrer assim. Aposto que ninguém comparecerá ao enterro dele.

— Também conheci Humberto desde sua infância, realmente é triste o fim dessa jornada. Ele fez escolhas erradas, e a vida respondeu a essas escolhas. Que sirva de exemplo para nós. Analisar fatos também nos traz aprendizado, Igor. Não julgue Humberto. É melhor não jogar sobre ele maior peso energético. O que encontrou do outro lado da vida não deve ter sido nada agradável.

— Não sei... O que acontece com pessoas como Humberto depois que morrem?

— São levadas para junto de espíritos que têm a mesma sintonia. Todos os espíritos, depois do desencarne, têm uma recepção para seguir para o outro lado da vida. O espírito segue para o astral compatível com seu teor de pensamentos. Se ele tem uma cabeça muito perturbada, vibra negativamente, terá de limpar o peso dessa vibração, ficando um tempo em lugares nada agradáveis até melhorar e ir para um lugar mais prazeroso. No caso de Humberto, os amigos que vieram recepcioná-lo são densos e de grande negatividade. Eles arrastam o que é denso para as trevas.

— Ele foi para o inferno?

— Inferno não é bem a palavra correta a ser usada. Ele foi para um lugar negativo, denso e escuro, que os espíritas chamam de umbral. No umbral existem níveis com vibrações cada vez mais densas. Mas, querido, não se preocupe com o espírito de Humberto. Não queremos atraí-lo novamente para a Terra, não? Eu lhe garanto que ele teve o que fez por merecer, mas não está perdido definitivamente. Acredito que, se reagir ao negativo, Humberto terá a oportunidade de se elevar lentamente e se transformar, despertando para o bem e para o amor. "Só o amor lava a multidão de pecados". Essa frase do evangelho tem lógica!

— Imaginei que Humberto não tivesse mais salvação para seu espírito. Mamãe me disse que eu não me salvaria. Ela sempre afirmou que pessoas como eu queimam no inferno, que sou um grande pecador.

— Não deixe que esse preconceito o atinja, Igor. Sua mãe tem uma crença religiosa exacerbada. A vida o colocou junto dela para que ela aprenda a ser tolerante e aceitar o que é diferente aos seus olhos com amor. Se você desistir de Helena agora, ela poderá se perder, e essa oportunidade de reencarnar será desperdiçada. Não precisa ficar tão próximo dela, mas não a abandone definitivamente. Sei que tem motivos para esquecer que Helena é sua progenitora.

— Tem toda razão, Margarete. Poderia me apresentar à cuidadora? Mamãe tem algumas economias no banco. Está na hora de pagar por um serviço que eu e Paula faríamos com amor.

— A escolha foi de Helena, Igor. Você não precisa ser humilhado por ela, enquanto tenta deixá-la mais confortável. Visite-a esporadicamente. Não precisa voltar para o quarto dela, pois está ferido com as barbaridades que ouviu. Eu cuidarei dela. Vá para casa e descanse o resto do dia. Percebo que está abatido e que emagreceu. Você não vem se alimentando corretamente?

— Acho que sei do que estou precisando. Do colo de uma mãe amorosa e de suas deliciosas guloseimas. Vou para a casa de Márcia.

Margarete sorriu, passando a mão pelos cabelos de Igor. Por fim, ela disse:

— Faça isso, Igor. É maravilhoso quando encontramos pessoas que têm amor que ultrapassam todas as barreiras. Sinto que essa mulher tem esse tipo de amor próximo ao incondicional.

— Márcia é uma pessoa extraordinária e uma mãe muito carinhosa. Ela me fez conhecer o que é receber amor materno. Quero voltar correndo para seu colo! É disso que estou precisando hoje.

— Nada faltará para Helena. Deixe o número do seu celular. Se houver qualquer alteração no quadro clínico de sua mãe, eu ligarei para você. Vá em paz, querido. Descanse ao lado das pessoas que o valorizam.

Igor abraçou Margarete e deixou o hospital. Na rua, o rapaz ligou para o celular de Paula, que ainda continuava na cidade providenciando o sepultamento de Humberto. Ela estava com Fernando e rapidamente passou no hospital para pegá-lo.

Ao entrar no carro, Paula perguntou para o irmão:
— Ela o tratou mal?

Igor não queria responder e acabou abaixando a cabeça. Paula, notando a tristeza do irmão, falou indignada:

— Não abaixe essa cabeça, meu irmão! Você é uma pessoa maravilhosa! A intolerância daquela mulher não pode ser levada em consideração! Não somos o que ela afirma em sua mente preconceituosa e fora da realidade. O desejo de mamãe era o de ter filhos de acordo com o padrão que ela estabeleceu de perfeição. Como não somos o que ela idealizou, mamãe nos rejeita e tripudia sobre nós com seus conceitos fora da realidade. Chega, Igor! Eu desisto de dona Helena, e você não continuará sendo humilhado por ela!

— Margarete será a intermediária para uma cuidadora. Seguirei o conselho dela e me afastarei de mamãe. Não serei mais seu saco de pancadas. Já terminaram de organizar o sepultamento de Humberto?

Estou com fome e gostaria de voltar para casa para pegar minhas roupas e seguir para a casa de Márcia.

— Está com saudade do tempero de Márcia, não é?

— Estou com saudade do carinho materno e da alegria dela, que contagia tudo à sua volta. Não sabe como me sinto bem ao lado daquela família e principalmente de Márcia.

— Todos eles são encantadores. Também adoro estar com eles. E olha que tenho uma mãe maravilhosa e uma família incrível que me ama. Um dia a levarei para conhecê-los, minha amada. Tenho certeza de que irão adorar conhecê-la, Paulinha — Fernando prometeu.

— Adoraria conhecê-los, mas agora quero voltar para casa. Márcia deve estar precisando de nós no restaurante. No entanto, antes de voltarmos, temos que pegar as malas de Igor. Ligarei para Marta. Ela deixará seu plantão na delegacia em alguns minutos.

— Ligue para ela e peça para nos encontrar na casa de Helena. Voltaremos juntos.

Capítulo 27

Eram onze e meia, quando Marta estacionou seu carro em frente à casa de Helena. A policial sentiu um arrepio forte em sua nuca, e todo o seu corpo estremeceu. Ela sabia que havia espíritos com energia negativa perambulando por perto. Marta tocou o interfone e, quando o portão se abriu, ela ouviu a voz de João Pedro em sua cabeça dizendo:

— Esteja preparada para um resgate neste local.

Marta entrou na casa e foi recebida por Paula e Fernando, que aguardavam Igor terminar de arrumar as malas. O casal limpava a cozinha e o quintal dos fundos próximos à edícula. Paula recolhia as roupas no varal, e Marta foi ajudá-la. Ela notou um movimento dentro da edícula e se aproximou da janela. Esse movimento foi observado por Fernando, que comentou:

— Também notou a presença de espíritos lá dentro? Da primeira vez que notei esse vulto passando próximo ao vidro da janela, imaginei que era um ladrão, mas sei que não é. Vasculhei cada centímetro lá dentro e senti a presença de espíritos.

— Falando assim, vocês me deixam nervosa — Paula comentou.

— Relaxe, Paulinha. João Pedro pediu-me para abrir a porta. Vamos libertar esses espíritos hoje — Marta informou.

Alzira se encolheu no canto, e Irina se assustou e ficou aflita com a presença de Marta. Ela sentia algo estranho na policial. Imaginava que ela era uma dessas pessoas que tinham contato com espíritos mais elevados e que abriam a porta do inferno para levar os demônios.

Encolhida no canto da sala, Alzira gritava:

— Ela pensa que somos os demônios! Não quero ir para o inferno! Meu Deus, me ajude!

Nesse instante, Marta entrou na sala e uma luz tênue que estava sobre sua cabeça tomou grandes proporções. Em poucos segundos, toda a sala se iluminou aos olhos de Alzira e Irina.

Assustada, Irina perguntou:

— O que está acontecendo?

Ela ouviu uma voz suave que vinha da luz. Uma luz que as estava deixando praticamente cegas. As duas mulheres, então, taparam os olhos com as mãos para conseguirem olhar através da sombra.

— Não tenham medo. Chegou a hora do resgate das duas. Sei que estão cansadas de sofrer na Terra. Se aceitarem, serão levadas para um lugar belo, receberão cuidados e terão luz em suas vidas.

— Não consigo vê-la. Quem é você?

— Não se recordam? Sou eu, Irina. Ivani, sua irmã do convento. Fui noviça e deixei o convento por ficar doente. Tornei-me tísica.

— A mocinha que morreu muito jovem. Lembro-me dela, Irina. Tinha um olhar doce e sofreu muito vomitando sangue. Ficou isolada em sua cela até que a família veio buscá-la. Comentavam que ela havia morrido de amor.

— Não diga bobagem, Alzira. Ninguém morre de amor. Ela estava doente.

— Alzira tem razão, Irina. Eu morri de amor. Minha família me obrigou a me tornar uma religiosa para que eu ficasse longe de um colono da fazenda. Eu o amava e fiquei tão triste que criei a doença em meus pulmões e parti. Mas tudo isso é passado. Tenho um amigo que me enviou aqui para levá-las a um lugar encantador.

— Finalmente nós iremos para o paraíso de nosso Senhor?

— Não, Irina. Eu posso lhe dizer que é um lugar belo, mas não chega a ser o paraíso que você imaginou. Como disse nosso amado mestre Jesus: "A casa de meu Pai tem muitas moradas". Venham desfrutar da luz em uma dessas moradas. Eu as estou convidando.

— Tem certeza de que esse lugar não é o inferno?

— Garanto-lhe que não é o inferno, mas também não é o paraíso que vocês criaram na ilusão, longe do conhecimento que ocorre do outro lado da vida. Convido-as para um aprendizado que retira toda a ignorância humana que vocês carregam em suas mentes.

— Tenho medo... Nós fomos maltratadas quando não aceitamos deixar a outra pessoa que seguíamos. Vamos ser novamente rechaçadas?

— Não temam. Eu as estou convidando. Não estão cansadas de sofrer? Vocês não precisarão se alimentar sugando a energia das pessoas e terão um corpo mais luminoso. Não sentirão fome ou sede e aprenderão a se alimentar de luz. Este planeta não é mais lugar para vocês. Há mais de um século vocês permanecem presas à Terra, quando poderiam ter tido oportunidades mais agradáveis de aprendizado. Vocês tiveram que aprender pela dor. Vocês perceberam, por exemplo, que Igor não é diferente das outras pessoas por ser homossexual e venceram parte do preconceito que carregavam. Venham comigo. Há um mundo novo e belo esperando por vocês duas. Um mundo onde até as flores falam. Venham! O portal que abrimos por meio da energia de Marta se fechará. Não desperdicem a oportunidade de serem felizes.

— Irei com você, Ivani. Não quero mais ficar prisioneira nesta casa. Agradeço por ter passado esse tempo ao lado de um bom rapaz como Igor. Ele me fez enxergar diversas situações com os olhos mais adocicados. Hoje, eu percebo que estava do lado errado. Helena é uma péssima mãe.

— Não a julgue, Alzira. Não se comprometa com o aprendizado dela. Cada vez que você julga o seu próximo, traz para sua energia um pouco do peso que a outra pessoa carrega. Não faça essa bobagem com você. Fique sempre no positivo. Isso é algo que terão de aprender rapidamente do outro lado. Um pensamento negativo contamina uma cidade espiritual inteira. É como um vírus que contamina a muitos. A vacina é o positivo, é a alegria. O portal vai se fechar. É a última oportunidade para as duas. Venham ser felizes.

Ivani estendeu a mão e Alzira a segurou com força. Em seguida, estendeu sua própria mão para Irina dizendo:

— Venha ou ficará solitária desta vez. Não suporto mais essa tortura de viver como um bicho acuado nesta casa.

Marta ali representava Ivani. Quando as duas mulheres passaram por ela tocando sua mão, desapareceram atravessando o portal dimensional que se fechara rapidamente. Marta, então, escutou em sua mente a voz de João Pedro que a agradecia pelo bom trabalho de resgate. Ela mandou um beijo com a mão para seu mentor e deixou a edícula, sentindo que o ambiente ali estava mais leve e agradável. Toda a vibração da casa se modificara após João Pedro lançar energias positivas no ambiente.

Marta voltou para a cozinha, onde os três a olhavam da porta. Igor disse:

— Pude ver duas sombras se dissolvendo na luz do sol que entrava pelo vidro da janela. Eles se foram?

— Acredite no que seu olho presenciou. Elas se foram — Marta tornou.

— Sabe quem eram? E o que faziam aqui?

— Não. São informações que não agregam em nada. O importante é que tivemos um resgate de espíritos que sofriam presos na órbita da Terra.

— Para onde eles foram levados?

— Como Jesus disse: "Na casa de meu Pai tem muitas moradas". Existem lugares para espíritos como nós. São lugares de diferentes níveis dimensionais. Estamos presos em um ciclo reencarnatório para o nosso aprendizado. Renascemos no planeta para provar a nós mesmos que aprendemos as lições que estudamos em outra dimensão.

— Estudamos?!

— Meu querido Igor, no outro lado da vida existem escolas. Quando estamos por lá, nossa consciência é ampla e tudo é mais fácil. Imaginamos que sabemos muito, mas, ao estarmos de volta ao planeta Terra em uma nova reencarnação, muitas vezes não reagimos satisfatoriamente a algumas situações como pensamos. Nós estamos aqui esquecidos de quem realmente somos. Voltamos, enfrentamos desafios e temos reações que demonstram que não superamos o que viemos buscar aqui. E continuamos dentro do ciclo das encarnações.

— Isso me parece ser interminável! Não me parece justo voltarmos esquecidos de tudo.

— Que proveito teríamos se soubéssemos de tudo que passamos em outras vidas? Ficaríamos diante de nossos inimigos, e a mágoa e o rancor não permitiriam a reconciliação. Que mérito teríamos se soubéssemos de tudo? Em minha opinião, a Terra é um planeta que recebe espíritos que se colocam à prova o tempo todo. Ninguém vem até aqui a passeio.

— Sinto-me pequena diante do seu conhecimento sobre o assunto. Quero aprender um pouco mais a respeito dessa passagem. Como viver para deixar o ciclo das reencarnações? Deve ser maravilhoso deixar o ciclo e viver sem o pânico do reencarne. Os espíritos têm medo de reencarnar? — Paula questionou.

— Meus amigos espirituais dizem que é mais fácil voltar para a casa espiritual do que nascer na Terra, Paula — tornou Marta.

— Deve ser uma situação estranha... saber que se tornará dependente de outro ser humano para sobreviver à primeira infância. Eu fico horrorizado em pensar que poderia voltar a ser dependente das loucuras de minha mãe ou de Humberto! Graças a Deus o tempo não volta. Não tem preço se sentir livre desse tipo de amarra — Igor tornou.

— Se vocês quiserem, podemos falar com João Pedro, o meu mentor, para trazer novos assuntos para o nosso estudo. Aprender é sempre bom e aconselhável. Vejo que Igor tem sensibilidade mediúnica e precisa ser melhor orientado para não cair em armadilhas de espíritos aproveitadores.

— Fui eu quem trouxe esses espíritos que estavam assombrando a casa? Eles estavam me seguindo? — Igor perguntou.

— Não sei, mas há uma possibilidade de ser verdade essa afirmação. Eles estavam aqui por algum motivo que desconhecemos. Quem os atraiu para cá não faz a menor diferença agora. Meus queridos, estou faminta. Liguei para minha mãe avisando que almoçaremos em casa. Podemos ir?

— Vou pegar minhas malas. Não voltarei a ficar nesta casa. Chega de suportar as loucuras de dona Helena! Estarei por perto, mas não tenho mais força para cuidar pessoalmente dela.

— Meu irmãozinho, ela ficará bem aos cuidados da cuidadora — Paula concluiu.

Paula fechou as portas e entrou no carro de Fernando, e Igor seguiu com Marta para o carro dela. O grupo retornaria mais tarde para o enterro de Humberto.

Paula avisara a toda a família do ex-marido sobre a morte de Humberto, e ninguém tomara a frente para cuidar da burocracia do sepultamento. A família de Humberto há muito tempo rompera qualquer tipo de contato com ele. Paula, então, tomou as providências com Fernando.

Capítulo 28

Márcia recebeu todos com muita alegria. Estava saudosa dos filhos que adotara pelo coração. Ela abraçou Igor e beijou sua bochecha rosada várias vezes e depois fez o mesmo com Paula e Fernando. Voltando-se para Igor, o abraçou novamente e passou uma de suas mãos sobre a barriga do rapaz dizendo:

— Você emagreceu e está abatido, meu querido! O que fizeram com meu Igor?

— Foram dias difíceis. Não tive fome, dona Márcia.

— Tudo vai melhorar. Quero vê-lo se alimentar bem. Farei uma vitamina de frutas para você, e, depois do almoço, você precisa dar uma boa cochilada. Está me parecendo cansado. Não dormiu essa noite?

— Há muitas noites não durmo bem. Durante a madrugada, mamãe precisava tomar um medicamento no horário correto. Ela estava lutando contra uma infecção grave para poder seguir para a cirurgia.

— Bem, acabou. Helena passou pela cirurgia e está tudo bem. Agora, nós vamos cuidar de você. Senti sua falta. Tive a intenção de visitá-lo, mas era impossível deixar a lanchonete e o restaurante. Temos muito movimento, e a temporada está apenas começando.

Nesse momento, Bruno e Romeu entraram na cozinha carregando um peixe grande que assaram no forno do restaurante. Romeu ficou animado ao notar que todos admiraram o grande peixe assado e comentou:

— Espero que todos estejam famintos, pois esse peixe dá para alimentar um batalhão. Quem gosta de atum assado?

— Adoro esse peixe. A pescaria foi realmente boa! Deve ter dado trabalho retirar esse peixe enorme do mar.

— Isso foi mesmo, Fernando. O bicho gostava de brigar! Se não fosse Bruno, eu teria perdido essa luta. O danado do bicho pulou para dentro do barco e ficou se debatendo, então Bruno deu uma paulada na cabeça do bicho. O outro, que era ainda maior, acabou escapando — Romeu narrou.

— Outro?! — questionaram todos juntos espantados.

— Conte para eles, filho! Mostre o tamanho do outro atum que escapou.

— Pai!

— Conte, Bruno! Você é ou não é um pescador?

237

— Sou, pai, mas não participei dessa outra pescaria.

— Bruno! Deixe eu lhe explicar uma coisa... para ser um bom pescador é preciso aumentar a história que se conta, senão tudo perde a graça. Agora, você se lembra do bichão que escapou do nosso anzol?

— Claro, pai! Ele lutou bravamente e ganhou a batalha! Da próxima vez, vamos pegá-lo, ou não somos pescadores!

Todos riam animados da mentira que Bruno contara, e Romeu completou dizendo:

— Agora sim você é um pescador nato!

Durante o almoço, o grupo gargalhou muitas vezes à mesa com as brincadeiras de Romeu e Bruno. Eram duas horas da tarde, quando se levantaram da mesa e se arrumaram para retornarem à cidade. Tinham de enterrar o corpo de Humberto. Márcia, Romeu e Bruno fizeram questão de acompanhá-los. Eles, então, fecharam o restaurante antes do almoço e não abriram na parte da tarde.

O grupo chegou ao cemitério da cidade dez minutos antes do sepultamento, tempo suficiente para preencher os papéis do cemitério e levar o corpo para a cova.

Paula estava triste, mas ao mesmo tempo aliviada por ter terminado aquele episódio amargo de sua vida. Após o sepultamento, o grupo seguiu para a praça da igreja matriz. Márcia apreciava as flores do jardim e, olhando para uma perfumada rosa, disse:

— A vida é feita de escolhas... quero ficar bem e aproveitar o tempo que me resta de vida na alegria.

— Não fale assim, mãe. A senhora ainda terá muito tempo para viver ao nosso lado — disse Marta.

— Eu não estou dizendo o contrário, filha. É que diante da morte, como estávamos há pouco, nós somos levados a pensar. Realmente, o que resta de nós são apenas cascas ocas — Márcia tornou.

— Então, antes de nos tornarmos apenas uma casca oca, podemos aproveitar que estamos todos aqui para tomar um refrigerante ali na lanchonete da esquina ou tomar um delicioso sorvete na sorveteria. O que preferem? — Romeu perguntou.

— Vamos, papai! Eu pago o sorvete e o refrigerante! Está um final de tarde muito quente. Vamos todos — sugeriu Marta.

— Desculpem-me, mas vou passar antes no hospital para saber como mamãe está. Encontro vocês na sorveteria mais tarde — Igor comunicou.

O rapaz se afastou, e Paula comentou:

— Infelizmente, ele é muito apegado à mamãe. Sinto que meu irmão ainda sofrerá muito, se não afrouxar esse laço que o liga a ela.

— Ele vai conseguir, Paulinha. Quando Igor estiver mais forte e confiante, perceberá que essa dependência é prejudicial a ele. No entanto, não é fácil cortar um laço afetivo, mesmo que ele esteja nos fazendo muito mal.

— Eu sinto que tinha esse laço afetivo com meu pai. Fiquei muito triste quando ele partiu e me senti culpada por sua morte. Ele estava ao meu lado no hospital e conversava comigo acariciando meus cabelos, como sempre fazia quando mamãe se afastava de nós. E de repente... papai ficou pálido e caiu.

— Não vamos ficar recordando de momentos tristes. O sorvete pode derreter — Romeu aconselhou.

— Papai, ainda não atravessamos a rua para entrar na sorveteria — tornou Marta.

— Estamos perdendo tempo neste calor! Lá tem ar-condicionado! Nessas horas, sinto falta de estar em meu barco em alto-mar. Lá, a brisa é constante, e não sentimos esse calor todo — Romeu concluiu.

Todos, por fim, atravessaram a rua e entraram na sorveteria.

Igor entrou no hospital e procurou Margarete. Como não a encontrou, decidiu espiar como estava Helena. Ela dormia, e Igor entrou no quarto olhando para a mãe. De repente, Helena abriu os olhos e, usando o papel que Igor lhe oferecera horas antes, escreveu:

Por que voltou?

— Para saber como a senhora está. Eu me preocupo com a senhora.

Estou bem. Não preciso de sua vigilância. Você precisa deixar a cidade. Se pudesse, eu o levaria para rodoviária e o colocaria no ônibus novamente.

— Não precisa se incomodar. Estou deixando a senhora, mãe. Contratei uma cuidadora indicada por Margarete. A senhora ficará bem, recebendo cuidados de uma estranha. Preciso ir. Fique bem. Se precisar, ligue para meu celular ou para o de Paula.

Não ligarei! Desapareça, Igor. E diga a Paula que fique longe também.

Igor deixou o quarto e encontrou Margarete e a cuidadora, que lhe foi apresentada. Os dois, então, tiveram uma conversa rápida, e Igor entregou a chave da casa de sua mãe a Margarete, que a passou para Valquíria.

— A casa está em ordem e pronta para quando mamãe tiver alta do hospital. Se puder me manter informado sobre a saúde dela, eu lhe agradecerei. Quanto ao seu pagamento, mamãe cuidará dessa parte. Fale com ela — Igor solicitou.

— Expliquei a situação a ela, Igor. Não se preocupe. Tudo ficará bem agora. Amanhã, Helena terá alta, e a ambulância a levará para casa. O fisioterapeuta e a fonoaudióloga passarão na casa três vezes na semana até Helena conseguir ficar de pé e terminar o tratamento na clínica desses profissionais. É apenas questão de tempo para que a vida de sua mãe volte ao normal — Margarete tornou.

— Espero que sim. Até outro dia. Não se esqueça de me ligar.

Igor deixou o hospital depois de anotar o número do celular de Valquíria e encontrou Paula e todo o grupo deixando a sorveteria. Márcia falou:

— Você demorou, filho! Estávamos seguindo para o hospital para chamá-lo. Helena está bem?

— Sim. Eu estava conversando com a cuidadora que contratamos. Ela me pareceu uma mulher refinada. Não a conhecia. Chegou da Bahia há alguns meses para viver no Espírito Santo — Igor comentou.

— Ela tem referências? — perguntou Paula com ar de preocupação.

— Margarete me garantiu que se trata de uma pessoa idônea. Confio nela.

— Conhecemos Margarete desde a escola primária por causa de Nelsinho, seu amigo de infância. Daremos um crédito a essa Valquíria — Paula tornou.

— Imaginei que cuidaríamos de sua mãe no quartinho que construiríamos ao lado da cozinha, mas vejo que nosso plano não deu certo — disse Romeu.

— Mamãe precisa de profissionais ao seu lado e onde moramos é longe para eles nos visitarem. Melhor assim. Sabemos como Helena pode ser desagradável e deselegante quando quer — Paula concluiu.

O grupo entrou nos carros e retornou para a praia tranquila quando a noite já caía. Estava muito quente, e todos decidiram colocar trajes de banho para se refrescarem no mar, que estava morno e agradável.

Capítulo 29

Uma semana se passou, e Igor estava curioso para saber notícias de Helena, mas se continha esperando que Valquíria ligasse para ele. Às vezes, o rapaz ligava para Margarete, mas ela raramente tinha notícias de Helena ou da cuidadora. A enfermeira afirmava que estava muito ocupada no hospital e não tinha tempo para visitar Helena, como prometera a Igor e Paula.

O trabalho no restaurante também não permitia que os dois filhos de Helena se ausentassem para visitar a mãe. Quando não estava servindo às mesas no restaurante, Igor saía para pescar com Romeu e Bruno.

O restaurante estava ficando famoso pela qualidade dos frutos do mar que serviam, e era preciso ter sempre mercadorias frescas para servirem durante as refeições.

Um dia, o restaurante foi visitado por um crítico gastronômico, que publicou uma crítica positiva sobre o lugar em uma revista famosa. O homem teceu grandes elogios à comida e à decoração agradável do restaurante. Essa nota na revista rendeu uma grande clientela e mais movimento ao empreendimento.

Havia dias em que os turistas não queriam deixar a praia quando o sol se punha no horizonte e foi a pedido deles que o grupo passou a abrir o restaurante à noite. Desde então, a praia que ficava deserta passou a ser movimentada após o pôr do sol. Marta e Fernando convenceram os outros sócios que era preciso contratar músicos e um cantor animado, assim, seria lucrativo receber mais pessoas à noite e possibilitaria a contratação de mais funcionários.

Com toda essa agitação, Igor e Paula mal tinham tempo de ligar para a cuidadora de Helena para ter notícias da mãe. Quando o rapaz finalmente conseguiu uma brecha para estar diante do portão da casa de Helena, estranhou o fato de tudo estar na escuridão e de o quintal estar com um aspecto de sujo. O rapaz, então, decidiu usar sua chave para abrir o portão e a porta de casa. Quando entrou na residência, sentiu um cheiro de coisa apodrecida muito desagradável. Ele chamou por Valquíria, que imediatamente surgiu do quarto que fora de Igor. A mulher esfregava os olhos e dizia:

— Como entrou aqui? Eu estava deitada pronta para dormir. O que quer, garoto?

— Tentei ligar para você durante todos esses dias. Por que não atende às minhas ligações?

— Perdi meu celular.

— E por que não atende o telefone fixo? Tenho ligado até a linha cair, e você não atende. Como está minha mãe?

— Ela está bem. Deve estar dormindo agora. Volte amanhã para não incomodar dona Helena.

Igor caminhou até a cozinha e ficou enojado ao perceber que o cheiro de comida podre vinha de lá. Tudo estava sujo, e a mesa estava coberta de embalagens de quentinhas velhas. Até no chão havia resto de comida e embalagens jogadas. Na sala, a sujeira tomara conta de tudo. Igor perguntou:

— Onde está a diarista que trabalha há anos nesta casa?

— Ela foi demitida por sua mãe. Eu avisei que não faria esse trabalho. Sou paga para cuidar de dona Helena, não para faxinar a casa.

— As roupas de cama estão sendo esterilizadas como o médico recomendou, para evitar infecções no local onde os pinos foram colocados na perna?

— Não sou paga para lavar lençóis. Eu dou os remédios para dona Helena e sua alimentação. Nos últimos tempos, temos comprado as nossas refeições.

— Meu Deus! O que você está fazendo com minha mãe? Ela não pode comer esse tipo de comida! E sempre odiou se alimentar de quentinhas.

— Ela mudou! Agora adora comer a comida do hotel aqui do lado. Você devia experimentar. São deliciosos os pratos que pedimos.

Igor entrou no quarto de Helena e não reconheceu a mãe. Os cabelos de Helena, sempre impecáveis, estavam sujos e embaraçados. Em seu rosto havia resto de comida colada, e o cheiro que emanava de seu corpo era desagradável. Igor banhava a mãe todos os dias e trocava a roupa de cama sempre. Helena abriu os olhos e perguntou ao filho:

— O que faz aqui?

Ela parecia estar dopada, e Igor perguntou a Margarete:

— Que medicação você está dando para ela? Ela me parece dopada.

— Estou dando o remédio que a acalma. O médico receitou para que ela dormisse tranquila.

— Está dando a dosagem correta que foi receitada?

— Eu dou um pouquinho a mais para dona Helena parar de falar e de se queixar. Ela fala demais. Assim, ela fica calma e está se recuperando bem. Outra coisa! Ela se recusou a fazer fisioterapia. Não faz os exercícios, pois fala que sente dor. Quanto à fonoaudióloga, o tratamento a ajudou a voltar a falar. Isso sim foi complicado na semana passada! Ela fala muito, meu Deus! Aumentei a dose do remédio.

Igor levantou o lençol que cobria o corpo de Helena e percebeu que a cicatrização não estava bem e que os pontos estavam infeccionados. Ele perguntou:

— Há quanto tempo você não faz uma limpeza nesses pontos?

— Era para fazer?

Igor fechou os olhos e falou calmamente:

— Saia, por favor. Pegue seus pertences e deixe essa casa.

— Está me mandando ir embora? Você não pode fazer isso! Quem cuidará dela? E os meus honorários?

— Acertarei suas contas. Agora, por favor, deixe-nos. Espere na sala.

— Eu preciso deste emprego! Como farei para permanecer nesta cidade?

— Olhe para esta casa e sinta o cheiro que está no ar. Essa casa parece um chiqueiro, e o estado de minha mãe é lastimável. Se ficar mais um segundo aqui, a denunciarei por maus-tratos! Você é uma péssima cuidadora! Desista dessa profissão antes que mate alguém.

— Eu sou uma ótima profissional. A casa não é obrigação minha. Não tenho culpa de ela ter demitido a diarista.

— Saia, por favor.

Igor cuidou dos pontos da cirurgia, deu banho em Helena e trocou a roupa de cama. Depois, ligou para Paula pedindo ajuda, mas ela estava ocupada ajudando Márcia no preparo dos alimentos para o próximo dia no restaurante. No entanto, a moça garantiu que assim que terminassem a higienização dos alimentos seguiriam para a cidade.

Igor pagou Valquíria e notou que suas malas estavam estufadas. O rapaz, então, fez questão de examinar o que ela levava na bagagem e a fez abrir mala por mala. Igor ficou pasmo quando notou que Valquíria estava levando muitos objetos da casa, como roupas de cama, rádios, um *video game* e um liquidificador.

Valquíria ficou constrangida. Depois que Igor separou os pertences da casa, ela pegou as malas e partiu levando o salário do mês inteiro.

Paula, Márcia, Marta e Fernando chegaram à casa de Helena para ajudar Igor. Marta, de repente, sentiu um forte arrepio ao ficar diante de Helena, que estava na cama adormecida pelo efeito dos remédios que Valquíria a fizera tomar. Igor comentou:

— Também sentiu isso?

— Sim. Senti uma presença negativa. João Pedro afirma que Helena é um polo atraente para esses espíritos mais rudes, por sua mania de se queixar de tudo. O negativo atrai o negativo.

— O que posso fazer para ajudá-la? — Igor perguntou.

— Meu querido, nada pode ser feito quanto a isso. Somente Helena tem o poder de modificar sua forma de pensar e agir. Você pode apenas tentar ser exemplo para ela, mas não lhe garanto que isso vá funcionar.

— Marta, podemos mandar esse espírito partir?

— Podemos, mas em pouco tempo Helena atrairá outro como ele. Se sua mãe não mudar, continuará sendo um polo negativo e atraente para eles. Ela baixa seu padrão vibratório. Desculpe, Igor, mas tudo o que essa mulher fez na vida foi se queixar e não aceitar a realidade das coisas. É uma pessoa negativa e atrai espíritos na mesma vibração.

— Quero tentar cuidar dela, Marta, mas também não tenho paciência para ouvir suas queixas e lamúrias. Ela pensa que é a dona da verdade o tempo todo. Preciso contratar outra cuidadora, mas onde encontrarei uma?

— Acalme-se, filho. Vamos levar Helena para nossa casa e lá nos revezaremos para cuidar dela. Com pessoas estranhas, isso será mais complicado — disse Márcia entrando no quarto.

— Não acho certo dar esse trabalho para a senhora. Todos nós trabalhamos muito no restaurante. Como teremos tempo para cuidar dela?

— Simples! Nós nos revezaremos! Com força de vontade, tudo dará certo — Márcia concluiu.

— Aceite, Igor. Não encontramos por ora outra solução para esse problema. Precisamos de você no restaurante, e ela não pode ficar aqui sozinha. Vamos levá-la no carro dela. Eu dirijo até a praia — falou Marta.

— Ela não pode ficar aqui nesse estado... Está tão dopada que não consegue compreender o que estamos falando. Penso que, se demorasse um pouco mais para visitá-la, ela poderia estar morta no meio do lixo que virou esta casa. Bem... eu aceito e agradeço o convite — Igor disse.

Paula e Fernando entraram no quarto e concordaram com a decisão que Igor tomara. Juntos, eles carregaram Helena para o carro, a acomodaram no banco de trás do veículo e seguiram para a casa de Márcia. Marta dirigiu devagar durante todo o trajeto para não dar fortes solavancos, e já era tarde da noite quando todos finalmente entraram em casa.

Márcia pediu a Romeu para montar uma cama para Helena na sala, em um canto mais isolado e próximo à janela.

— Coloque a cama dela aqui. Durante o dia, ela poderá ver o mar e o movimento na praia. Amanhã cedo, falarei com Sônia. Ela cuidará bem de Helena. Tenho certeza disso.

Quando terminaram de montar a cama e trouxeram Helena para deitar confortavelmente, Romeu comentou com Fernando:

— Essa minha mulher tem um coração de ouro! Nunca encontrei tanta bondade em alguém.

— Eu encontrei essa bondade em todos os membros desta família. Todos vocês são incrivelmente

249

generosos. Mesmo sabendo que essa mulher tem um gênio forte e pode acabar com a paz desta casa, Márcia a abrigou com carinho.

— Sabe, Fernando, às vezes esperamos que coisas desagradáveis aconteçam, mas a vida nos ensina tanto. Quem sabe não nos surpreenderemos com a mudança dela?

— O senhor está sendo otimista demais, seu Romeu. Eu também gostaria que ela fosse mais maleável, afinal dona Helena é minha futura sogra, mas, pelo que sei, ela é preconceituosa com filho por ele ser gay e sinto que sobrará para o meu lado também. Sei que enfrentarei o preconceito dela por ser negro.

— Você é um homem maravilhoso, e Paula tem sorte de ter conquistado seu coração. A loirinha é uma pessoa meiga e agradável. Feliz daquele que puder fazer parte dessa nova família que vocês dois formarão. Não se preocupe com o preconceito de ninguém, Fernando. Vocês formam um lindo casal! Já imaginou como serão seus filhos?

— Penso nessa possibilidade. Quero muito ser pai! Um pai exemplar como o senhor. Bem, agora é melhor voltar para casa. É tarde da noite.

— Por que não dorme aqui? Amanhã não é sua folga na delegacia? Assim, você começa mais cedo no restaurante. Tenho alguns colchonetes no barco. Você e sua amada em uma noite quente de verão...

— Ótima ideia! O senhor poderia me emprestar seu barco por esta noite, seu Romeu?

— Claro! Está no píer depois das pedras. Aproveite a noite no balanço do mar para olhar as estrelas! Ah, se eu fosse mais jovem!

— O que está tramando, Romeu? Conheço bem essa expressão de quem está fazendo arte — Márcia questionou.

— Essa mulher não deixa escapar nada! Vou descansar. Amanhã temos muito trabalho pela frente. Boa noite.

— Boa noite a todos. Ficarei aqui com mamãe, pois ela pode acordar de madrugada e ficar nervosa se não souber onde está — Igor disse.

— Meu quarto ficará vazio. Você não quer ficar por aqui, amor? — perguntou Paula.

— Tenho uma ideia melhor! Vamos passar a noite no mar. Fugiremos de todos. Romeu me deu a chave da cabine do barco — Fernando sugeriu.

— Vou preparar um lanche para levar. Toda aquela limpeza me deixou faminta. Será uma noite deliciosa ao seu lado.

Capítulo 30

Paula despertou antes de o sol nascer. Estava enjoada e com uma leve tontura. Ela deixou Fernando dormindo na cabine e caminhou até a proa para sentir a brisa fresca do mar, no entanto, ficou ainda mais enjoada. A moça colocou a cabeça para fora do barco para não sujar a embarcação com o que estava prestes a sair de seu estômago e, não suportando mais a náusea e a tontura com o aumento do balanço do barco, acabou caindo no mar. Fernando acordou com o barulho e procurou Paula. Percebendo rapidamente que a namorada não estava deitada ao seu lado, ele correu até o convés e viu que Paula se distanciava do barco com o movimento das ondas. Ele, então, pulou na água e nadou o mais rápido que pôde.

Ao alcançar Paula, Fernando ergueu sua cabeça para que ela voltasse a respirar, mas a moça não reagia. Ele a jogou para dentro do barco e pulou em seguida, iniciando uma respiração boca a boca para tentar ressuscitá-la. Desesperado, Fernando realizou uma massagem cardíaca até que, finalmente, Paula reagiu jogando para fora a água que entrara em seus pulmões.

— O que foi isso, meu amor?! Volte! Não me deixe aqui sem você! Volte, Paula!

Pálida, trêmula e com dificuldade para respirar, a moça segurou os braços de Fernando para mostrar que estava bem. E ele, desesperado, a abraçou e chorou como uma criança. Quando se viu mais calmo depois do grande susto, Fernando beijou os cabelos da namorada acariciando seu rosto.

O sol desenhou seus raios dourados no horizonte, e Fernando agradeceu a Deus por ela estar viva em seus braços. Mais calmo, ele pergunta à moça:

— O que aconteceu, amor? Por que me deixou sozinho e veio aqui para fora?

Com a voz fraca, Paula respondeu:

— Senti enjoo. Precisava de um pouco de ar, mas aí perdi os sentidos e não sei como caí no mar.

— Não compreendo... Todos os alimentos que comemos ontem estavam frescos... O que pode ter feito você passar mal dessa forma?

— Eu tenho quase certeza de que estou...

— De que está?

— Fernando, faz dois meses que não menstruo. Eu talvez possa estar...

— Grávida?! Eu serei pai?!

— Preciso fazer o exame para ter certeza, amor, mas tudo indica que nossa família vai crescer. É estranho... Eu pensava que não era capaz de gerar uma criança em meu útero. Esse atraso na menstruação nunca me ocorreu antes.

— Talvez não fosse você quem não pudesse ter filhos, mas sim Humberto. Vocês usavam algum método contraceptivo?

— No início do casamento sim, mas depois eu não conseguia dinheiro para comprar o anticoncepcional. E, quando eu conseguia, ele jogava todos os comprimidos no lixo dizendo que queria ser pai. Por anos, eu não usei nada, mas, ainda assim, não engravidava. Será que agora estou esperando um filho seu?

— Vamos para a cidade! Preciso saber o que você tem e quais foram os motivos que fizeram você perder os sentidos. Não suporto a ideia de perdê-la, amor. E por pouco isso não aconteceu! Quando a avistei na água sem se mover, quase sucumbi à loucura.

— Temos tanto a fazer no restaurante, e eu tenho de cuidar de mamãe e lhe explicar como ela veio parar aqui... Penso que Igor não tem mais estrutura para suportar as humilhações e as palavras duras de mamãe. Preciso estar presente quando ela acordar. Podemos seguir mais tarde para a cidade?

— Amor, não quero esperar mais. Quero saber o que está acontecendo. Temos muitas providências a tomar.

— O que pensa em fazer se a resposta for positiva, Fernando?

— Marcar a data de nosso casamento e viver ao seu lado, curtindo cada minuto da gravidez.

— Casar?

— O que estava imaginando que eu faria?

— Não tive tempo para soltar minha imaginação. Você realmente pretende se casar comigo?

— Sim, quero ser seu marido.

— Não gosto dessa palavra. Casamento me deixa angustiada. Posso viver ao seu lado, Fernando, mas não quero me casar novamente. Perdoe-me, amor. Eu não posso me casar com você.

— Tudo bem, Paula. Não precisa ficar agitada. Você ainda está traumatizada com tudo o que passou em seu casamento, mas creia que o que você viveu não foi um relacionamento de amor. Você era refém de um marginal, e isso não se repetirá. Eu lhe prometo.

— Amor, não quero tocar nesse assunto. Por favor, me leve para casa, pois ainda estou enjoada. Quero tomar um banho e tirar essa roupa molhada.

— Vamos. Mas ainda voltaremos a esse assunto.

Paula entrou em casa e subiu as escadas indo direto para o banheiro. Igor ainda dormia.

Eram sete horas da manhã, e Fernando deu a volta na casa para chegar à cozinha dos fundos, onde sabia que encontraria um cafezinho fresquinho sobre a mesa. Romeu e Márcia já colocavam a mesa do café, quando ele apareceu todo molhado no quintal. Os dois perguntaram ao mesmo tempo:

— O que aconteceu?

— Por pouco, Paula não se afogou. Ela desmaiou e caiu no mar.

Fernando narrou todos os detalhes ao casal e, quando falou que ela poderia estar grávida, Márcia e Romeu brindaram com uma xícara de café com leite. E Márcia disse:

— Eu estava mesmo sentindo que mais alguém chegaria para viver nesta casa. Nossa! Paula será mãe! Que bênção! Eu quero ser avó.

— Se ela estiver mesmo grávida, você será avó e eu avô. E esse moço todo molhado será um pai dos bons — Romeu brincou.

— Acabei me esquecendo de que estou molhado.

— Tome um banho, Fernando. Pegarei uma toalha e algumas roupas para vesti-lo. Depois, conversaremos.

Paula desceu as escadas e notou que Helena despertava assustada. Ao ver a filha, a mulher gritou com raiva.

— Que lugar horrível é esse? O que estou fazendo aqui, sua louca? Você me sequestrou?

— Não, mãe. Eu a trouxe para cá, porque a senhora não pode ficar sozinha em sua casa. Valquíria a estava dopando.

— Onde está aquele maldito?! Foi ele quem colocou aquela louca dentro da minha casa! A culpa é toda dele! Me leve embora deste lugar nojento! Não quero ficar neste pardieiro!

— Cale a boca! A senhora deve agradecer por ser acolhida nesta casa, pois poderia ter morrido nas mãos daquela mulher. A senhora ficará aqui, querendo ou não. E se não tem nada de bom para falar, fique de boca fechada! Ninguém deseja ouvir a senhora grasnando maldades. As pessoas que a acolheram são maravilhosas. A senhora não vai acabar com a paz desta casa. Cale a boca e mostre que tem educação.

Helena estava boquiaberta, pois jamais ouvira Paula usar tanta força em suas palavras. Ela estava acostumada a ver a filha baixar a cabeça à cada palavra áspera que ela usava. Helena ficou admirada com tamanha transformação e perguntou-se quem fora o responsável por tal mudança.

Igor acordou ouvindo vozes alteradas. Ele estava preocupado com o momento em que a mãe despertasse em um lugar desconhecido. E Helena, ao ver o filho, voltou do seu espanto com Paula e começou a ofender o rapaz com palavras de baixo nível.

Paula se aproximou da mãe e disse ao seu ouvido:

— Cale essa boca ou a jogarei no mar, quando ninguém estiver por perto. Trate-o com educação, entendeu? Você não tem poder algum sobre nós! Agradeça ao seu filho por cuidar da senhora.

Paula falava com raiva, e Helena ficou assustada, temendo que ela cumprisse o que prometera. Podia ver da janela que estava na praia.

A moça mudara a forma de enfrentar a mãe, sem saber que usava um método que João Pedro a instruíra em sonho. Ele disse: "Seja mais dura que ela e mostre que tem força para enfrentá-la. Helena nunca foi desafiada e imaginava que todos eram cordeiros, que poderiam ser abatidos por ela com sua arrogância desmedida".

Igor ficou impressionado ao notar que Helena perdia a cor, enquanto escutava as palavras que Paula falava ao seu ouvido. O rapaz não desejou interromper esse momento, se virou e seguiu para a cozinha de fora. Ele encontrou Romeu e Márcia e contou-lhes o que acabara de presenciar na sala.

257

Paula deixou Helena na sala, foi até a cozinha e pediu a Igor:

— Igor, leve o café da manhã que ela gosta, pois não conheço o gosto dela. E se ela dizer algo para feri-lo, me chame, pois farei essa sem educação lhe pedir perdão.

— Paulinha acordou com toda a força esta manhã — Igor brincou.

— Acordei da morte, querido irmão. E não vou deixar essa mulher nos ofender. Para o bem de mamãe, tentarei dar a ela um pouco de educação que não teve quando era criança.

— Essa não é minha irmã! O que você fez com Paula?

— Estou aqui, querido, e estou aplicando um novo método para fazer mamãe despertar. Nós a tratamos com muito amor, carinho e respeito. Nada funcionou, então vamos mudar o método. Serei rude! É dessa forma que ela compreende as coisas e se torna mais mansa.

— Não sei se consigo fazer isso com ela.

— Não se preocupe, Igor. Eu consigo. E não se esqueça de me dizer se ela o magoar, meu irmãozinho.

Depois de tomar seu café da manhã, Igor preparou rapidamente uma bandeja com tudo de que Helena gostava e a levou para a mãe. Paula e Márcia estavam ouvindo o que eles conversavam, sem que Helena conseguisse vê-las. As duas mulheres notaram que ela fora mais cordata com Igor, comera tudo o que ele colocara em seus lábios e agradecera ao rapaz quando ele se levantou com a bandeja.

— Obrigada, Igor. Estava com muita fome. Pode me dizer se meu fisioterapeuta virá para continuar meu tratamento?

— Tudo será novamente reajustado com ele, mamãe. À tarde, eu irei até o consultório dele para remarcar as visitas e dar o novo endereço. Pelo que fui informado, ele mora aqui perto em um condomínio de luxo. Se precisar, pagaremos o tratamento. Não se preocupe.

— Obrigada. Mas não me deixe sozinha com Paula. Por favor.

— Não se preocupe, mamãe. Paula também precisa passar na cidade hoje. A senhora ficará bem com dona Márcia e seu Romeu, o pescador.

— Pescador? Estou na casa de um pescador?

— Sim, mamãe, e é uma casa acolhedora. Eles são os pais de Marta, a policial amiga de Paula da época do colégio. Recorda-se dela?

— Sim, quero muito falar com Marta. Pode dizer que desejo falar em particular com ela?

— Claro, mãe.

Igor voltou para a cozinha, e Paula estava ao lado de Fernando, que terminava de tomar seu café. Ele contou para o cunhado o susto que sofrera quando Paula caiu no mar.

Buscando uma resposta para o comportamento de Paula, Igor respondeu:

— Será que esse afogamento não trouxe uma Paula que não conhecíamos e que estava contida dentro dela?

— Se trouxe, eu me sinto muito bem. Você percebeu como mamãe se comportou depois do susto que dei nela? Essa noite, tive um sonho com João Pedro, e ele me disse muitas coisas. Apesar de não me recordar de tudo o que foi dito, uma frase ficou gravada em minha mente: "Use sua intuição". Essa frase não saiu de minha mente. Usei a intuição e senti que mamãe precisava levar um grande susto. Quero vê-la acordar, antes que seja tarde demais para ela.

    Fernando levantou-se da mesa e chamou Paula para seguirem até a cidade. Ele precisava saber se seria pai e queria extravasar sua alegria com a certeza da gravidez.

    Igor preferiu ficar com Helena, e Paula prontificou-se a passar no consultório do fisioterapeuta.

Capítulo 31

Fernando dirigia o carro com total atenção e mantinha a velocidade reduzida. Sentada ao seu lado, Paula estava se irritando, pois outros carros passavam fazendo ultrapassagens perigosas para deixar o carro de Fernando para trás.

— O que você está fazendo, amor?

— Cuidando da minha família! Não quero que você sofra qualquer solavanco, pois isso pode afetar o bebê.

— Ficou louco, Fernando?! Amor, não sabemos ainda se estou mesmo grávida. E, mesmo se estiver, o bebê não sentirá os buracos da estrada, pois está protegido. Dirija como sempre dirigiu: com atenção e respeitando as regras do trânsito. Na velocidade que está mantendo, você está prejudicando os outros motoristas. Você será um pai maravilhoso, mas não exagere, amor.

— Desculpe, estou nervoso. Preciso confirmar se serei pai. Tenho tantas coisas para ensinar a esse garoto: jogar futebol, nadar, surfar, jogar *video game*...

— Pode ser uma menina.

— Então serei mais delicado e até brincarei de bonecas com ela.

— Não faça tantos planos, pois posso não estar grávida.

— Está tudo bem. Se não estiver grávida, podemos providenciar nosso casamento, pois você é oficialmente viúva.

— É maravilhosa essa sensação de liberdade! Estou muito feliz por ter encerrado essa fase de minha vida. Sinto tanta vontade de viver! Pela primeira vez, fui apresentada a Paula, a verdadeira Paula! O processo de autoconhecimento não é fácil, mas vale a pena olhar para dentro de si, se reconhecer. Saber de que gosta, encontrar um caminho e ser feliz. Eu me realizo quando estou cozinhando no restaurante com Márcia. É delicioso ver as expressões nos rostos dos clientes, quando eles deixam o restaurante satisfeitos. Sinto que faço algo bom, que agrada ao paladar das pessoas. Sinto-me útil e feliz.

— Que bom que despertou para a vida, Paula. Sinto que havia uma mulher linda dentro de você, que finalmente quebrou a casca e surgiu forte. É essa mulher que eu amo! Forte, decidida, meiga, amiga, inteligente e feliz.

— Também amo você, Fernando, mas não se iluda com essa nova Paula. Não sou perfeita e tenho defeitos como qualquer pessoa.

Fernando estacionou o carro diante da clínica, e Paula foi atendida rapidamente. O resultado do exame de sangue, no entanto, ficaria pronto apenas em uma hora.

Os dois decidiram esperar na praça em frente à igreja matriz. Paula percebeu que as pessoas passavam por eles e não os cumprimentavam, como era comum em uma cidade pequena em que todos se conhecem. Fernando também estranhou o comportamento das pessoas que passavam por eles e notou que comentavam e olhavam com desdém para o casal.

— O que está acontecendo com as pessoas desta cidade? Você percebeu o olhar crítico que estão lançando sobre nós?

— Vou descobrir que comentário está circulando na boca desse povo. Volte para a clínica, Paula. Eu a encontrarei lá em meia hora.

Fernando passou na delegacia e encontrou Marta. Ela perguntou:

— Hoje não é seu dia de folga? O que faz aqui à paisana?

— Trouxe Paula para fazer um exame de sangue, pois ela desconfia que está grávida. Preciso ter certeza disso, para poder comemorar e extravasar minha alegria.

— Nunca imaginei que você desejasse ser pai, Fernando! E também nunca imaginei que você se apaixonaria por uma única mulher. Paula o tirou de circulação entre as mulheres solteiras da cidade.

263

— Eu não era assim tão volúvel com as mulheres, Marta.

— Conte suas mentirinhas para outra! Eu o conheço bem, Fernando. Se não está de serviço, o que o traz aqui? Saudades dos companheiros de trabalho? — brincou Marta.

— Não! Preciso saber o que está acontecendo com as pessoas desta cidade. Estão virando o rosto para nós. Eu e Paula ficamos curiosos para saber o que está acontecendo.

— Não sei de nada, mas desconfio. Humberto foi enterrado ontem, e vocês desfilam pela cidade como namorados. Você conhece bem a maldade dos que gostam de falar. Vou chamar Cardoso. Ele deve saber alguma coisa, pois sempre está por dentro de tudo que se passa nesta cidade e nas adjacências.

Cardoso era um colega de trabalho que estava para se aposentar e tinha a mania feia de comentar sobre a vida das pessoas. Cardoso entrou na sala, olhou para Fernando com desdém e comentou:

— Quem diria que você faria uso de seu cargo na delegacia para deixar a mulher de Humberto viúva. Todos estão comentando que vocês enterraram o meliante e saíram sorrindo do cemitério, mostrando que estavam felizes.

— Eu não matei Humberto! Ficaram loucos? Quem inventou essa calúnia?

— As mulheres que saíram da missa ontem e viram os dois juntos e abraçadinhos na praça e na sorveteria com a família de Marta. Sabe como são as pessoas nesta cidade pequena... Deduziram que você espancou e atirou em Humberto, enquanto ele esteve preso aqui na delegacia.

— Você pode me fazer um favor, Cardoso? Fale com essas pessoas e diga que não é verdade o que comentam. Eu não matei ninguém, e você sabe a verdade.

— Tentarei mudar esse quadro que os fofoqueiros pintaram. Mas você e Paula juntos continuarão a ser alvo da língua do povo.

Fernando estava ficando furioso com Cardoso e começou a passar a mão sobre seus cabelos e pelo rosto. Marta conhecia bem o amigo e notou que ele estava chegando ao seu limite de paciência. A policial, então, pediu a Cardoso que deixasse sua sala com o pretexto do horário para terminar um requerimento. Cardoso se afastou, e Fernando agradeceu a Marta:

— Obrigado. Estava prestes a explodir com esse fofoqueiro. Não compreendo como as pessoas invadem a privacidade alheia, julgam e condenam gratuitamente. Você precisava ver como fomos tratados pelas pessoas que passavam na praça.

— Paula está sozinha no meio dessa grande confusão. Temo que ela se retraia novamente ao ouvir as intempéries desse povo. Ela estava reagindo muito bem ao tratamento espiritual que recebeu de meu mentor.

— João Pedro está ajudando minha Paula?

— Está. Ela precisava de um tratamento psicológico e energético. Paula estava muito insatisfeita com a vida que levava. O medo que ela sentia de Humberto a deixou paralisada, então todas as bênçãos que chegavam para ela foram afastadas. Minha amiga sentia pena de si mesma e atraía cada vez mais o que não desejava. João Pedro mostrou a ela que era preciso reagir no bem, no positivo para afastar o negativo. E Paula agora está indo bem. Mas não a deixe sozinha,

265

Fernando. Ela ainda não é forte o bastante para enfrentar a maldade do povo, que a julga e condena como traidora do ex-marido. É um recado de João Pedro.

— Compreendi. Farei isso. Preciso de um favor seu, Marta. Poderia passar nesse endereço e conversar com o fisioterapeuta de Helena? Assim, poderei levar Paula para casa de sua mãe rapidamente.

— Passarei lá no final da tarde. Fique tranquilo.

Fernando se despediu de Marta, agradecendo-lhe o favor. Em seguida, voltou para clínica. Paula o esperava ansiosa com o envelope nas mãos.

— É o resultado do exame?

— Sim. Não o abri, pois estava esperando você.

— Vamos para o carro. No caminho, paramos em uma praia mais deserta para abrir o envelope.

— Descobriu o que está acontecendo na cidade? Qual é o mexerico da vez?

— Não vale a pena tocar nesse assunto, amor. O que importa o que falam sobre nós?

— Tem razão, mas quero estar pronta para quando precisar me defender. Pela reação de algumas pessoas, me parece que a acusação que nos fazem é grave. Diga, amor, do que se trata? Por que as pessoas estão furiosas conosco?

Fernando contou a Paula o que ouvira, e ela permaneceu calma, contrariando o que ele imaginara sobre a reação da namorada. E ela comentou com tranquilidade:

— Será que um dia as pessoas compreenderão o mal que fazem a si mesmas, ao invadirem a privacidade alheia? Não devemos nada a eles. Vamos para a praia! Quero abrir esse envelope.

— Amor, se a gravidez estiver confirmada, você se casará comigo? Não existe mais impedimentos para o nosso casamento. Você é viúva agora.

— Casamento! Essa palavra me deixa assustada. Podemos viver juntos, Fernando. Não tenho ainda estrutura para me casar oficialmente. Gosto de sentir que sou livre.

— Compreendo seu trauma, mas não sou como seu primeiro marido. Não confunda as coisas, me comparando a ele.

— Amor, eu jamais faria essa comparação. O que não gosto é da sensação de compromisso. Sinto que meu peito aperta quando penso em casamento. Perdoe-me.

Fernando parou o carro em frente ao mar. A brisa refrescava o dia ensolarado, e os dois seguraram o envelope para abrirem-no juntos. Ao ler o resultado, Fernando segurou Paula pela cintura e a levantou no ar, rodando-a. E, com um grande sorriso que não saía de seus lábios, disse:

— Eu vou ser pai! Pai!

— Calma, amor! Coloque-me no chão, pois estou ficando enjoada!

Fernando trouxe Paula para junto de seu peito e a beijou freneticamente nos lábios. Quando se acalmaram, os dois entraram no carro e seguiram para a casa de Márcia, fazendo planos de morarem juntos. Igor estava em seus planos. Convidariam-no para formarem uma família.

Capítulo 32

Marta entrou no condomínio de alto padrão para conversar com o fisioterapeuta de Helena. Ela se anunciou na portaria, e Felipe se colocou diante da porta de entrada esperando por ela. Quando Marta estacionou seu carro na frente da casa, seus olhares se cruzaram, apesar da distância de alguns metros que os separava por meio de um lindo gramado. Para espanto de Marta, ela sentiu um friozinho no estômago. Parecia que ela o conhecia de muito tempo atrás. A policial tentava recordar-se de onde teria sido apresentada à bela figura masculina parada à porta de entrada de uma bela casa. Marta, por fim, se aproximou e apertou a mão do fisioterapeuta, enquanto seu coração disparava dentro do peito. O rosto da policial se iluminou com um lindo riso espontâneo, e Felipe, abrindo também um sorriso, disse:

— Muito prazer em conhecê-la. Tenho a impressão de que nos conhecemos de algum lugar.

— Também tive a mesma impressão. Talvez da praia do centro de nossa cidade. Quando mais jovem, eu frequentava a praia assiduamente.

— Não creio. Nasci em São Paulo e passei anos vivendo na Europa. Faz exatamente seis meses que retornei ao Brasil, comprei essa casa e abri uma clínica na cidade ao lado da Santa Casa. Talvez seja da clínica que nos conhecemos ou da Santa Casa. Quem sabe?

— Tenho certeza de que não. Eu me lembraria se fosse apresentada a você, pois tem um rosto difícil de ser esquecido.

— Por quê? Tenho alguma cicatriz?

— Não. Por ser um homem bonito.

— Obrigado! Eu também não esqueceria de você, se tivéssemos sido apresentados antes. Você é bela e, nessa farda militar, me deixou sem fôlego por sua beleza exótica.

Marta fica constrangida, pois não esperava que ele correspondesse ao seu cortejo.

— Obrigada pelo elogio recíproco. O que me traz aqui é uma cliente que mudou de endereço. O nome dela é Helena Soares Abrantes.

— Dona Helena! Como ela está? Era um caso de AVC. Eu a atendia em casa, mas fui dispensado pela cuidadora. Pensei em denunciar aquela mulher. A falta de higiene na casa e na paciente prejudicaram muito a recuperação dela.

— Helena mudou de residência, e a cuidadora foi dispensada pelos filhos. E por essa razão estou aqui. Sua paciente precisa de seus cuidados. Ela está hospedada em minha casa, na próxima praia depois da curva da estrada.

— Vamos entrar. Conversaremos melhor tomando uma xícara de café. Preciso saber qual é o quadro que encontrarei, para poder decidir se continuarei o trabalho com ela ou não.

Marta aceitou o convite e se acomodou em uma sala confortável. Felipe, por sua vez, pediu à empregada que servisse um lanche completo na varanda. O fisioterapeuta levou Marta para o outro lado da casa, e ela se deparou com uma linda varanda, seguida de um gramado que saía na areia da praia.

— Escolheu um belo lugar para morar, doutor Felipe. Também aprecio a vista para o mar de minha humilde varanda.

— Há lugares neste país de beleza rara que não encontramos fora daqui. Gosto do calor dos trópicos para passar o verão. Sou apaixonado pelo mar. Adoro dormir ouvindo o ruído das ondas quebrando na areia. Você tem sorte de ter nascido nesta região.

— Nasci praticamente dentro de um barco. Meu pai é pescador e passei a infância a bordo do seu barco. Tenho sorte de ser filha de pessoas humildes, que me criaram com muito amor.

— Gosto da forma como se refere aos seus pais. Você deve ter tido uma infância invejável neste paraíso tropical.

Marta e Felipe conversavam animadamente e não perceberam que estava ficando tarde. De repente, o celular de Marta tocou, e ela o atendeu. Era Márcia, que já estava preocupada, querendo saber onde estava a filha.

— Está tudo bem, mãe. Estou seguindo para casa. Não se preocupe. Beijos — Marta interrompeu a ligação e olhou o relógio. Por fim, ela disse:

— Me excedi no horário, Felipe. Desculpe-me.

— O tempo passou rápido! Não percebi, pois a conversa estava tão agradável. Há um bom tempo não encontro alguém de mente aberta para conversar. Aceita jantar comigo?

— Preciso voltar para casa, Felipe. Mamãe ficou preocupada, e não gosto de deixá-la tensa. Sou policial, e ela fica apreensiva quando me atraso. A violência, infelizmente, faz parte da minha realidade. Esse jantar pode ficar para outro dia?

— Claro! Conhece um restaurante que abriu na praia ao lado? Na praia onde você mora? A comida tem um tempero especial, e o lugar tem uma decoração agradável.

— Gostou do tempero?

— Sim! Você conhece o chef? Fiquei de apresentá-lo a um amigo que veio do Canadá. Almoçamos lá na semana passada, mas o chef estava muito assoberbado para comparecer à nossa mesa.

— Mamãe é tímida.

— Não brinca! O restaurante é de sua família?

— Sim! Eu também colaboro quando estou de folga no trabalho. Fico no caixa! Como não cozinho bem, prefiro lidar com as finanças.

— Pode deixar o caixa e jantar comigo amanhã? Não aceito não como resposta! Passarei em sua casa para atender a Helena no fim da tarde e depois jantaremos em seu restaurante. Eu pagarei a conta! Faço questão.

— Jantaremos juntos, mas a conta não precisa ser paga. Eu tenho algum crédito com os proprietários. Foi bom passar esse tempo ao seu lado, Felipe. Senti que temos afinidades. Fora a impressão que o conheço de algum lugar.

— Quem sabe em outra vida tivemos uma linda história de amor e, neste reencontro, continuaremos nossa história!

— Isso foi uma brincadeira sedutora. Deixaremos a vida nos guiar para o melhor. Tenha uma noite agradável, Felipe.

— Obrigado! Espero sonhar com essa bela morena de cabelos negros. Você me lembra uma índia cheia de encantos.

— Tenho ascendência indígena, o que explica essa pele mais avermelhada e os cabelos lisos e negros. E você parece europeu.

— Meus ancestrais vieram da Itália. Podemos nos encontrar amanhã à tarde, então?

— Quem sabe... Boa noite, Felipe. Até...

— Até, linda morena!

Marta retornou para casa e em seus olhos brilhava uma nova chama. Estava feliz e sorria muitas vezes relembrando a agradável e sedutora conversa com seu novo amigo.

Quando Marta e Paula se encontraram, rapidamente uma notou que a outra estava mais radiante. Paula apressou-se a mostrar o resultado do exame para Marta, e elas comemoraram abraçadas.

Quando os outros retornaram do restaurante, fizeram questão de cumprimentar Paula e Fernando pela gravidez. Helena fingia dormir em um canto da sala e descobriu o motivo do brinde, que o grupo levantou feliz. Ela estava odiando ficar na companhia daquela família, mas no fundo reconhecia que não podia ficar sozinha em sua casa e que por pouco não morrera nas mãos de Valquíria.

Helena tentou fingir que despertara e que aceitava o fato de sua filha ter engravidado de um policial negro, mas, se pudesse sair correndo daquela casa, ela o faria sem pensar duas vezes. "A vida está sendo cruel demais comigo", pensava Helena com todo o seu preconceito aflorado.

Paula percebeu o ar cínico com que Helena olhara para Fernando e para seu ventre. A moça, então, se aproximou e disse ao ouvido da mãe:

— Se mostrar seu preconceito racial ao meu companheiro, eu a jogarei no mar esta noite. Seja cordial com ele e com todos os presentes, principalmente com seu filho homossexual que a ama. Não estou brincando. Seu preconceito é sua podridão maior. Quem a senhora pensa que é? Desça do pedestal em que se colocou, pois a senhora não é melhor que ninguém aqui. A senhora, inclusive, precisa de nossa compaixão para se manter viva!

Notando que Helena estava ficando pálida, Igor se aproximou, tentando afastar Paula da mãe. O rapaz,

273

com um pouco de brincadeira e bom humor, por fim conseguiu afastá-las. Helena, de repente, segurou a mão do filho, e Igor naquele momento passou a ser seu porto seguro.

Capítulo 33

Era início de madrugada, quando todos se recolheram para seus quartos. Igor colocou um colchonete no chão ao lado da cama de Helena, deixando o quarto para Paula e Fernando.

Nessa noite, Helena teve uma visita inesperada. João Pedro usou um recurso estratégico para tentar fazê-la mudar a forma de pensar. Retirou-a do corpo, e tudo pareceu muito real para ela.

João Pedro levou Helena para um lugar desconhecido, mostrando-lhe como sua vida seria após o desencarne se ela mantivesse aquele comportamento.

Analisando as visões, Helena despertaria mais tarde com uma perspectiva diferenciada.

Helena se perguntava: "O que estou vendo diante dessa tela? Parece meu passado!".

João Paulo teve permissão de seus superiores para mostrar a Helena parte do seu passado, e ela se viu em sua última encarnação. Helena fora uma mulher alemã e vivera na época em que estourara a Segunda Guerra Mundial. Ela trabalhara para o *reich* e exaltava a nacionalidade alemã, considerando-a superior a todos os povos e a todas as etnias.

Helena dançava em um baile com um comandante do exército por quem estava completamente apaixonada. Ela era jovem e desejava participar do *reich* e por isso se inscrevera no exército alemão como colaboradora.

Ela não escondia que estava completamente fascinada com a ideia de ser superior a outras raças e se tornara uma espécie de delatora dos judeus, que se escondiam nos guetos como determinavam os alemães.

Helena se infiltrava no meio de pessoas que tentavam esconder judeus e, com o passar do tempo, foi sendo tomada cada vez mais pela soberba. Por fim, ela acabou denunciando seu irmão, que era homossexual, e assistiu à cena de quando o levaram ao campo de concentração e fixaram um triângulo rosa em sua roupa de prisioneiro.

Helena pôde presenciar a crueldade com que ele fora tratado por ser homossexual. Mesmo sendo alemão, o rapaz fora considerado um ser desqualificado para dar sequência à "raça pura" a qual os nazistas pensavam pertencer e acabou morrendo no campo por maus-tratos, depois de implorar à irmã que interviesse junto aos seus amigos oficiais para libertá-lo. Ela, no entanto, mantivera-se irredutível e não fizera uso desse recurso.

Helena chorava copiosamente enquanto as imagens passavam na tela e reconheceu no irmão a imagem de Igor. Ela soube ali que ele voltara para superarem juntos os traumas do passado e o grande preconceito que ela alimentara em sua encarnação anterior. Depois dessa experiência, ela jurava que não tinha mais preconceito, mas, após reencarnar novamente, soube que não extirpara esse mal de si. As cenas vistas por ela deixaram-na chocada. Ela pedia perdão a Igor e acordou gritando.

Igor acordou assustado com os gritos de sua mãe. Ele rapidamente acendeu a luz do abajur, e, passando a mão sobre a cabeça do filho, Helena pedia perdão.

— Mãe, está tudo bem! Foi apenas um pesadelo, se acalme.

— Estou errada, filho amado! Estou errada! Não quero repetir o mesmo erro. Perdoe-me por enviá-lo àquele lugar horrível. Posso retirar o triângulo rosa que colocaram em você.

Helena passava a mão no peito do pijama de Igor, procurando a marca com que os nazistas destacavam seus prisioneiros. Os judeus recebiam a estrela amarela, e os homossexuais recebiam o triângulo rosa. Helena, simbolicamente, arrancava o triângulo do pijama de Igor.

— Passou, mãe. Foi apenas um sonho. Não tem nada em meu pijama. Eu não fui marcado por ser homossexual.

— Foi sim, e a culpa foi minha. Perdoe-me!

Helena começou a chorar, e todos desceram para ver o que se passava com ela.

Ela narrou o sonho com todos os detalhes que estavam vívidos em sua mente, usou a emoção e acabou comovendo todos que acompanhavam com atenção suas palavras. Quando ela terminou, Marta permitiu que João Pedro se manifestasse, confirmando que Helena realizara uma regressão a uma vida passada, revendo os registros akáshicos, ou seja, de vidas passadas, que seu espírito revivera diante da tela no astral.

— Boa noite a todos. Desculpem-me pelo adiantado das horas, mas neste momento me manifesto para esclarecer que as palavras dela são verdadeiras. Nossa irmã Helena desejou uma lição mais eficaz para compreender que seu modo de ver as coisas estava equivocado. Ela reviu alguns fatos que ocorreram em seu passado. Tal recurso é permitido ao espírito, em última instância, para despertar o indivíduo, antes que ele repita o erro que já deveria estar extirpado de sua personalidade. Helena foi Evelyn, uma alemã que se dedicou ao *reich*. Ela entregou o irmão, que era homossexual, e ele foi levado a um campo de concentração, onde sofreu terríveis abusos até ser morto por um dos soldados. Ele foi socorrido por espíritos iluminados, por ter sido uma pessoa que viveu pelo bem, fazendo aquilo que achava ser justo e positivo. Ele nunca negava estender sua mão a quem lhe pedisse ajuda e com isso foi amparado em uma colônia no astral, que lhe possibilitava visitas a planos inferiores para ajudar a resgatar os espíritos.

João Pedro fez uma pausa e continuou:

— Evelyn chegou ao outro lado em estado lastimável e dementada. Ela carregou um fardo muito pesado pela culpa, pois amava o irmão. Depois de seu resgate no umbral pelo espírito do irmão, Evelyn prometeu a si mesma que nunca mais se sentiria superior a ninguém. Com intervenções energéticas, ela se recuperou e já estava tranquila após um logo período de tratamento. Ela sentia que não carregava mais o preconceito e retornou ao planeta Terra para provar a si mesma que limpara de sua vida esse desvio de conduta inaceitável na espiritualidade. Nossa irmã precisou de ajuda para despertar. A vida lhe cobrou com força, mas, mesmo assim, não ocorreu uma mudança significativa. Dou essa explicação a vocês não para que julguem nossa irmã, mas para que tomem isso como aprendizado. Ajudem-na no que puderem. Evelyn deve ficar no passado. Hoje é Helena quem colhe experiências na Terra. Tenham todos uma boa-noite e reflitam sobre o preconceito que carregamos como fardo pesado. Um fardo que segura nossa evolução. Ser íntegro e leal aos princípios é magnânimo, quando não prejudicamos o outro. Tenham princípios na pureza de que somos todos irmãos e estamos buscando a evolução, para nos tornarmos seres melhores e, quando deixarem este planeta, levem a certeza de que deram passos na direção certa rumo ao amor incondicional. "Amai-vos uns aos outros". Esse é o ensinamento de nosso mestre Jesus.

Todos estavam emocionados, e Márcia decidiu oferecer uma xícara de café a todos com bolo de aipim. Era madrugada, e a fome se fez presente no estômago daquela família. Todos, então, seguiram para a cozinha de fora.

Igor ficou ao lado da mãe, e Paula fez o mesmo. Fernando, por sua vez, não saía de perto de sua amada. Naquele momento, a família, que estava reunida ali, escutou uma fala que comprovava que todo aquele trabalho dos espíritos não fora em vão. Helena segurou a mão de Paula e de Fernando entre as suas e disse:

— Perdoe-me, filha. Quero que você seja feliz! Perdoe-me, Fernando. Espero, do fundo do meu coração, que você seja um bom marido e um excelente pai para meu neto que está para chegar. Seja bem-vindo à nossa família.

— Mamãe, apenas uma questão me perturba ainda. Por que a senhora não acreditou em mim e ficou ao lado de Humberto?

— Sou tola, filha. Eu julgava Humberto um bom marido. Não conseguia enxergá-lo além das aparências. Ele sempre estava cobrindo você de atenção na minha presença. Errei quando desejei que você fosse uma mulher especial com uma vida maravilhosa. Queria que meus filhos fossem o exemplo de virtude que eu sonhei. Estava fora da realidade. Vocês são reais e seguem a vida com honestidade e sensibilidade. Eu fui uma tola! Não consegui enxergar a realidade. Vocês são dois filhos maravilhosos! Peço-lhes perdão! Quero limpar o preconceito que me deixou presa naquele lugar horrível! Ajude-me a me tornar uma pessoa melhor.

— Eu a ajudarei, mamãe. Amanhã mesmo, nós voltaremos para casa.

— Não, Igor. Se for possível, gostaria de ficar aqui. Gosto muito da vista do mar e essa família é encantadora. Márcia e Romeu têm algo especial nesta casa. Sinto-me feliz aqui. Podemos ficar um pouco mais? Até eu conseguir andar novamente?

Marta, que trazia uma bandeja com guloseimas para Helena, escutou a última frase e respondeu:

— Se desejar, pode ficar aqui para sempre, Helena. A casa é sua. Fico feliz por perceber que o tratamento de choque de João Pedro foi eficaz. A senhora precisa de uma nova energia, e esta família tem amor para compartilhar. Paula, você já não precisa mais ameaçar sua mãe.

— Você ameaçava mamãe? — Igor questionou.

— Estava cansada de vê-lo sofrer, meu querido. Comecei a usar um método de choque que João Pedro me instruíra em sonho. E deu certo!

— Mereci passar por isso. Paula se colocou firme e participou ativamente da mudança que iniciei. Eu sentia medo de ser jogada no mar no estado em que me encontro. Morreria afogada! Fazia muito tempo que não sentia medo de alguém. Isso só aconteceu em minha infância. Eu tinha medo de meu pai, que era ríspido comigo.

Igor colocou um pedaço de bolo de aipim na boca da mãe, e ela sentiu o delicioso sabor e a maciez do bolo. Depois de saboreá-lo, ela sugeriu:

— Vocês poderiam vender esse bolo no restaurante para os turistas. É delicioso. Quando puder andar, gostaria de ajudá-las neste trabalho. Igor, quero vê-lo estudando. Escolheu uma profissão a que gostaria de se dedicar?

— Quero fazer gastronomia, mamãe. Adoro cozinhar.

— Pagarei sua faculdade. Trate de estudar, filho, e um dia será um bom chef de cozinha como Márcia e Paula.

— Estou aprendendo, mãe. Márcia é uma professora maravilhosa — Paula elogiou.

— Não tenho dúvidas de que ela seja! As sopas com que tem me alimentado são, sem dúvida, as melhores que já saboreei — Helena afirmou.

— A senhora está muito agitada hoje. É melhor retornarmos para nossas camas, pois teremos um dia repleto de atividades amanhã. Seu fisioterapeuta virá para dar continuidade ao tratamento — Marta informou.

— Você ficou interessada nele. Seus olhos brilharam de uma forma que nunca brilharam!

— Ela voltou para casa flutuando e não tirou o sorriso do rosto até agora! — Bruno brincou.

— Ora, Bruno! Por quem me toma?!

— Por uma mulher que se apaixonou pela primeira vez na vida — Bruno concluiu.

— Ele tem razão. Estou apaixonada e não gosto dessa sensação de dependência. Quero ficar próxima dele... Quero tudo com ele... Acho que estou perdida!

— Não está, amiga. Amanhã, você terá seu amado aqui. Mamãe e eu ficaremos aqui até ela terminar o tratamento. Conquiste seu amado, aproveite — disse Igor.

— Vamos dormir! Todos vocês estão passando dos limites! Não sei o que aconteceu essa noite. Talvez seja a noite das revelações!

— Foi, sem dúvida, uma noite especial. As imagens não saem de minha mente. Eu me vejo como Evelyn e vejo as loucuras que ela fez em um período triste da história. Meu filho amado, eu o aceito como você é. Aceito tudo o que a vida me trouxer. Não tenho o direito de impor meus devaneios a outras pessoas. Quero estudar como funciona a espiritualidade e aprender a ser melhor. Na minha ignorância, desejo que a humildade prevaleça. Conto com a ajuda de todos vocês e principalmente com a ajuda e colaboração deste... Como chamaria este espírito belíssimo? João Pedro.

— Bem-vinda ao nosso grupo de estudos independente, Helena. Temos muito a aprender com João Pedro. Ele é um grande professor e é realmente um ser belo — disse Marta sorrindo.

Capítulo 34

Alguns dias depois, na saída de seu plantão, Marta encontrou com Moacir, que a convidou para tomar um *drink*. Ela agradeceu o convite e disse:

— Estou iniciando um relacionamento sério com outra pessoa, Moacir. Sinto muito, mas terei de recusar seu convite. Preciso deixar claro que não nos encontraremos mais.

Moacir sorriu e compreendeu a distância que existia entre eles.

— Adoro você, Marta, e quero de coração que você seja feliz. Posso dar um beijo em seu rosto em sinal de que estou sendo franco?

Marta aceitou o gesto de carinho e disse:

— Seremos sempre bons amigos.

Marta e Felipe iniciaram um relacionamento amoroso intenso. Bruno, por sua vez, não escondia que sentia ciúmes da irmã, afinal era a primeira vez que ela se mostrara intensamente apaixonada.

Após as sessões de fisioterapia com Helena, Felipe ficava para jantar na casa de Marta e a levava para sua casa no fim da noite. Felipe era alegre, e sua alegria contagiava cada vez mais Helena, que se mostrava bem-humorada quando todos retornavam do restaurante à noite.

Paula finalmente aceitara o pedido de Fernando, e o casal marcara o casamento para o final de janeiro. Queriam esperar um pouco mais, até Helena conseguir caminhar novamente e poder assistir ao casamento na igreja matriz da cidade.

Helena queria compensar Paula por lhe ter tirado a casa em que ela vivera com Humberto, então comprou um terreno para a filha ao lado da casa de Romeu e outro, mais à frente do restaurante, para Igor.

Romeu, Bruno e Igor ajudaram Fernando na limpeza do terreno e iniciaram a construção de uma casa simples para o casal. As mulheres, por sua vez, elaboraram o projeto da casa de acordo com a necessidade do casal, que precisava de um quarto para o bebê, que nasceria em alguns meses.

O Natal chegou, e uma festa na praia em frente ao restaurante trouxe muitos convidados da família de

Márcia e Romeu. Helena participava da comemoração sentada em uma cadeira de rodas. De repente, a mulher se viu cercada por uma tribo indígena. Eram parentes de Márcia. Eles foram à festa vestidos a caráter com seus trajes com penas coloridas e com os colares que usavam nas festas da tribo, que não ficava muito distante da praia onde Romeu nascera e onde vivia com sua amada Márcia. Ela nascera na tribo e deixara a família para se casar com seu amado pescador.

Helena estava assustada, pois os índios carregavam consigo arcos e flechas como adorno. Por alguns segundos, sentada em sua cadeira de rodas, Helena lançou um olhar de soberba sobre os visitantes, mas, nesse momento de recaída, ela sentiu como se um raio de energia tivesse atravessado seu corpo da cabeça aos pés. O corpo de Helena estremeceu, e ela, como se recebesse um aviso de seu espírito, se conscientizou de que aquele não era um comportamento aceitável ante o que lhe parecia diferente. Aquelas pessoas eram iguais a ela e traziam consigo uma cultura repleta de beleza.

Igor se aproximou da mãe e perguntou:

— Quer que leve sua cadeira para o outro lado?

— Não, filho! Quero assistir à apresentação de dança indígena. É uma cultura interessante.

— Por um instante, notei indiferença em seu olhar e imaginei que estava incomodada com a presença deles.

— Às vezes, Igor, Evelyn e a velha Helena tentam reassumir seus lugares. Preciso ficar atenta às minhas fraquezas, mas já mandei esse pensamento embora, querido. Não se preocupe.

— É bom ter minha mãe ao meu lado neste dia especial. Não sente falta de papai?

— Sinto, assim como você e Paula também sentem. Mas a vida continua. Eu estou aqui, e ele passou para o outro lado da vida. Seu pai foi a luz em minha vida. Ele fez o que pôde para me chamar à razão, mas eu sempre fui teimosa e arrogante. Fiz da vida dele um grande calvário. Pobre Inácio... Ele deixou a emoção contaminar seu corpo físico, e seu coração não suportou tantos maus-tratos, como explicou João Pedro na última aula que tivemos.

— Papai era um homem triste e às vezes parecia um pouco distante de nós, mas não se culpe por isso. Cada um faz suas escolhas, mesmo sem saber que está fazendo. Nós escolhemos aprender um pouco mais como a vida funciona, de acordo com o que acreditamos e pensamos. Eu alimentei a desvalorização da pessoa que julga ser pequena e colhi as consequências. Consequências que me levaram à UTI da Santa Casa. Paula também não se valorizava e acabou atraindo Humberto para sua vida e não foi feliz. Erramos, mãe. Todos nós erramos, ao imaginarmos que somos vítimas, quando somos, na verdade, os únicos responsáveis pelo que atraímos para nossas vidas.

— É estranho ter essa noção a essa altura de minha vida! Poderia ter aprendido essa forma de olhar a vida na infância. Nas escolas, as crianças deveriam ser ensinadas a valorizar o ser humano e a sobre como as leis do universo atuam em nossas vidas. Se todos nós soubéssemos que somos os únicos responsáveis por nossas escolhas, não colheríamos um fruto amargo, culpando quem está à nossa volta. Quantas vezes eu deixei minha religião decidir o que era certo ou errado, de acordo com o que os líderes religiosos pregavam? Fui tão preconceituosa que cheguei a pensar que meu filho, por ser homossexual, era uma aberração! Perdoe-me, meu amado Igor.

— Não vamos entrar novamente na culpa, mamãe. Passou! Que tal escolhermos ser mais leves e ver com elegância os desafios que a vida nos impõe? Às vezes, penso que somos testados o tempo todo por ela.

— Também tenho essa sensação. A vida joga conosco! Analise meu caso hoje. Eu estava feliz aqui por poder participar da festa de Natal fora da cama e não esperava que surgissem índios em trajes coloridos, para fazer uma dança, mostrando, assim, sua cultura. Não preciso perguntar à vida quais foram os motivos que me colocaram diante deles. Preciso?

— Não, pois sua compreensão foi imediata. Eu fiquei orgulhoso de sua postura em não querer se afastar daqui. A senhora superou o preconceito, mamãe?

— Estou buscando a cura aqui dentro. Às vezes, tenho leves recaídas como a que ocorreu há alguns instantes, mas eu insisto na cura desse meu mal. Um dia de cada vez, querido.

— Mente equilibrada e sempre alerta, mamãe. Sei que não é fácil, mas é necessário vigiar o que permitimos que entre em nossas mentes. Faça como João Pedro sugeriu. Cante e deixe a alegria entrar e tomar conta de todo o seu ser. É uma vibração deliciosa a felicidade.

— Me sinto feliz, querido. Renasci com a ajuda de todos vocês e de João Pedro. Quero aproveitar o tempo que me resta de vida para ser uma pessoa do bem.

Quero compartilhar essa felicidade com as pessoas que amo. Logo mais, terei um lindo netinho em meu colo e quero encher de beijos o meu pequeno.

— Que bom ouvi-la dizer essas palavras, mamãe. Meu filho terá o seu amor! — disse Paula, que chegara por trás de Helena.

— E todos os outros membros, que desejarem agregar-se aos Soares Abrantes, serão bem-vindos. A mãe de Fernando é muito elegante! Aceitei o convite dela para almoçar com eles no *réveillon*.

— Que bom. Fico feliz em saber que todos nós estaremos juntos na virada do ano. Faremos uma linda festa aqui na praia e depois almoçaremos na casa de Iolanda. Ela está bordando o enxoval para o pequeno Paulo — Paula comentou.

— Quero colaborar com esse enxoval bordado, pois também sei bordar e fazer roupinhas de lã. Igor, querido, depois das festas, poderia comprar lã e linha para bordar? Quero fazer casaquinhos e sapatinhos e bordar algumas peças do enxoval com o nome de Paulo. Foi seu pai quem escolheu seu nome, Paula. Ele disse que era uma homenagem à sua avó, que se chamava Paulina. Segundo ele, Paulina foi uma avó maravilhosa — Helena confidenciou.

— Não tive o prazer que conhecê-la, mas recordo-me de que papai falava sempre dela. Estranho... sinto a presença dele por perto hoje.

— Talvez ele esteja próximo de nós. Também sinto sua presença — disse Igor.

— Inácio deve estar feliz por estarmos juntos. Ele deve ter observado minha mudança. Às vezes, tenho sonhos agradáveis com ele, e Inácio sempre sorrindo, feliz.

A conversa foi interrompida pela apresentação indígena, que foi bela. No final, os índios fizeram uma grande roda e convidaram todas as pessoas presentes para participar daquele ritual lúdico.

Sentada em sua cadeira de rodas, Helena foi colocada no centro do grande círculo formado. Enquanto o grupo dançava no mesmo compasso dos indígenas, Helena sentia uma energia agradável, que a envolveu. Nesse momento, a presença de Inácio ficou mais forte no centro da roda.

Inebriada com seus parentes indígenas, Márcia estava mais sensitiva e pôde ver um homem posicionado ao lado de uma mulher de vestido claro, que voava com a brisa do mar. Esse homem beijou o rosto de Helena e lançou um raio de luz na direção de Igor e Paula. Nesse instante, Márcia teve a certeza de que era Inácio, o pai dos dois irmãos.

Inácio estava acompanhado de uma experiente enfermeira de nome Beatriz. Por intermédio de João Pedro, ele recebera permissão de estar com a família por alguns minutos e sanar a saudade dos seus.

No fim da dança, toda a energia se condensou no meio da roda a um movimento de Beatriz, que a distribuiu igualmente no peito de cada um dos participantes. Ela, então, convidou Inácio para se retirar:

— Está na hora de nos retirarmos, Inácio. Segure minha mão.

— Foi bom estar com eles novamente. Estou feliz em saber que despertaram e estão buscando a felicidade. É mais simples viver sob o amor para encontrar a paz.

— A mudança sempre é possível, se formos verdadeiros em nossas ações e intenções. O amor é o limiar entre o aprendizado e a felicidade, Inácio. A soberba não é boa companheira.

— Estou feliz em saber que Helena optou pela mudança. O preconceito tira a luz, e sem a luz caímos na escuridão.

— Ela fez a escolha certa. Agora vamos, senão perderemos nossa festa de Natal.

— Estou curioso para saber como os espíritos na colônia comemoram o Natal.

Uma luz forte ofuscou a visão de Márcia, e Beatriz, segurando a mão de Inácio, desapareceu do centro da grande roda.

Capítulo 35

Após o carnaval, Igor iniciou seu curso de gastronomia em uma universidade em Vitória. O rapaz tirara umas das melhores notas no vestibular, o que deixara Helena orgulhosa do filho.

Fernando e Paula, após o casamento, se mudaram para a nova residência ao lado da casa de Márcia e Romeu. O casal estava radiante com o nascimento de gêmeos. Esperavam por Paulo e ganharam também uma filha, a princesinha da grande família que se formara ali. Os pais lhe deram o nome de Márcia, para homenagear uma mulher especial e dona de um coração sem tamanho, que acolhera a todos de braços abertos. Os bebês eram lindos. Seus olhos eram claros como os de Paula, e a pele era escura como a de Fernando. Helena se torna-ra incansável para os netos e estava sempre por perto brincando com as crianças.

    Helena decidiu vender todas as suas propriedades na cidade e comprou um terreno ao lado do restaurante. Lá, construiu uma pousada acolhedora, onde passou a morar e que era administrada por Paula e Fernando.

    Fernando deixou a corporação militar para se dedicar à família que tanto amava e à pousada, que se tornara lucrativa para todos. O casal teve mais dois filhos anos depois. Dois meninos de olhos claros e pele morena. Igor mimava os sobrinhos com todo tipo de guloseimas, que ele mesmo preparava no restaurante ou na cozinha da pousada.

    O rapaz se formara e se tornara um chef de cozinha de renome internacional. Com isso e com os prêmios gastronômicos conquistados fora do país, ele levou fama ao lugar. Muitas vezes, ele deixava o Brasil para dar cursos rápidos em outros países e, quando isso acontecia, Márcia e Paula assumiam a cozinha do restaurante. Elas faziam parte da equipe que Igor formara no movimentado restaurante à beira-mar, que era visitado por turistas de todas partes do país e do mundo. O lugar passou por uma reforma, tornando-se, assim, ainda mais aconchegante, e recebeu o prêmio de um dos melhores restaurantes do Brasil.

Em uma noite quente de verão, um turista, após se deliciar com um saboroso prato preparado por Igor, pediu para cumprimentar o chef do restaurante. O jovem, que estava encantado com o tempero suave e harmonioso do prato de frutos do mar, era canadense e também cursara uma universidade de gastronomia.

Minutos depois, Igor apareceu no salão e foi levado por um de seus garçons até a mesa do rapaz, que estava ocupada por ele e por duas mulheres, que também insistiam em conhecê-lo. Quando o rapaz, que se chamava Breno, apertou a mão de Igor entre as suas, os olhos dos dois chefs se encontraram e ambos sentiram que havia algo mais forte entre eles do que apenas o gosto compartilhado pela cozinha. Deu-se início ali a uma deliciosa amizade, que logo se transformou em um relacionamento.

Helena deu provas de que realmente mudara, aceitando Igor como ele era. Breno e Igor dividiam o mesmo quarto na casa de Helena. O rapaz passou a fazer parte da equipe de Igor na cozinha do restaurante e da pousada, que se integrava ao mesmo serviço gastronômico.

Com o passar do tempo, os dois adotaram duas irmãs que foram deixadas em um orfanato local. A alegria de Igor e Breno contagiou a todos. As meninas eram gêmeas e estavam com três anos de idade. As duas passaram a ser a alegria de Helena, que tentava não interferir na educação que elas recebiam de seus dois pais.

Helena ressurgiu das cinzas com uma fênix. Ela voltou a caminhar com certa dificuldade e sempre prestava atenção aos seus atos e às suas ações, pois temia que a velha Helena cheia de preconceitos retornasse e assumisse o controle de seus pensamentos. Estava sempre vigilante.

Ela gostava da nova mulher que surgira radiante. Melhorava sua autoestima. De certo modo, sentia estar em dívida, não sabia exatamente quem ou o que devia, se para aqueles que estavam ao seu redor ou para aqueles que haviam partido. Tal sensação não a abandonava. E, certo dia, lhe veio a solução: ela decidira que, uma vez por mês, durante um fim de semana, abriria as portas de sua pousada gratuitamente para grupos religiosos que realizavam retiros espirituais, sem importar a que crença pertenciam. Esse ato a deixou mais tranquila e equilibrada, e, aos poucos, a sensação de dever algo a alguém foi se acalmando dentro dela. Helena se tornou uma mulher muito melhor, amável e tranquila, que fazia questão de abraçar todos que se aproximassem dela. Ela extirpara definitivamente o preconceito que a atormentara no passado.

Em um lugar totalmente de paz e harmonia, Alzira e Irina finalmente se reencontraram. Reencontraram-se não com Jesus, mas com seres de muita luz, e aprenderam a absorver energias de luz sempre positivas. E, quando podiam, distribuíam essa energia a quem precisava, não importando sua raça ou religião. João Pedro estava muito feliz com esse desfecho no aprendizado do grupo, que cativara com seu amor.

Bruno e Romeu formaram uma cooperativa de pescadores e compraram grandes barcos de pesca. Seus pescados eram vendidos dentro e fora do estado. A cooperativa que ele coordenava abastecia o restaurante, a pousada e os grandes mercados do Espírito

Santo, de São Paulo e de Minas Gerais. O cultivo de ostras, mariscos, vieiras, vôngoles e mexilhões deram à cooperativa um lucro considerável, o que trouxe para a região progresso e uma vida mais confortável para a população mais carente do lugar.

Marta deixou a corporação policial na mesma época que Fernando e passou a administrar o restaurante. Ela se casou com Felipe, o fisioterapeuta de Helena, e se mudou para a casa dele no condomínio de alto padrão. Os dois tiveram um casal de filhos. Bruno também teve filhos e duas ex-esposas, que moravam na cidade. No domingo, as crianças se reuniam na casa de Márcia, e a felicidade fazia morada ao som de grande algazarra infantil e era envolvida pelo cheiro delicioso que saía da cozinha do fundo do quintal. À noite, toda a família e os amigos se reuniam ali para saborearem deliciosos lanches e conversarem.

João Pedro reservava um horário entre as intermináveis tarefas espirituais para passar momentos agradáveis instruindo o grupo, que aumentava cada vez mais com os novos membros da família. Ele, inclusive, deixara uma mensagem sobre o preconceito e a intolerância:

A intolerância é um caminho escorregadio, que se distancia do amor e da luz. O preconceito é a névoa que tapa nossos olhos e impede a visão da verdade. Não estamos na Terra para sermos juízes e para mantermos velhos conceitos. A necessidade de compreensão é imediata para extirpar os obstáculos das injúrias e para fomentar a renovação de um mundo livre, formado por seres que respeitam as escolhas individuais. Creiam que ninguém tem o direito à superioridade, tampouco não ser aceito por mero preconceito. Somos seres que buscam a evolução, cada um com sua escolha e preferência, respeitando-nos no amor maior. Todos têm o direito à felicidade. Não existem regras ditadas e aceitas na espiritualidade como sendo corretas e adequadas. A aceitação de si mesmo traz harmonia ao ser, que caminha a passos leves rumo à evolução. A vida nos dá liberdade de escolha de ser o que somos.

João Pedro.

Fim

Grandes sucessos de
Zibia Gasparetto

Com 17 milhões de títulos vendidos, a autora tem contribuído para o fortalecimento da literatura espiritualista no mercado editorial e para a popularização da espiritualidade. Conheça os sucessos da escritora.

Romances
pelo espírito Lucius

- A verdade de cada um
- A vida sabe o que faz
- Ela confiou na vida
- Entre o amor e a guerra
- Esmeralda
- Espinhos do tempo
- Laços eternos
- Nada é por acaso
- Ninguém é de ninguém
- O advogado de Deus
- O amanhã a Deus pertence
- O amor venceu
- O encontro inesperado
- O fio do destino
- O poder da escolha
- O matuto
- O morro das ilusões
- Onde está Teresa?
- Pelas portas do coração
- Quando a vida escolhe
- Quando chega a hora
- Quando é preciso voltar
- Se abrindo pra vida
- Sem medo de viver
- Só o amor consegue
- Somos todos inocentes
- Tudo tem seu preço
- Tudo valeu a pena
- Um amor de verdade
- Vencendo o passado

Crônicas

A hora é agora!
Bate-papo com o Além
Contos do dia a dia
Pare de sofrer
Pedaços do cotidiano

O mundo em que eu vivo
O repórter do outro mundo
Voltas que a vida dá
Você sempre ganha!

Coleção – Zibia Gasparetto no teatro

Esmeralda
Laços eternos
Ninguém é de ninguém

O advogado de Deus
O amor venceu
O matuto

Outras categorias

Conversando Contigo!
Eles continuam entre nós vol. 1
Eles continuam entre nós vol. 2
Eu comigo!
Pensamentos vol. 1
Pensamentos vol. 2

Momentos de inspiração
Recados de Zibia Gasparetto
Reflexões diárias
Vá em frente!

Romances
Editora Vida & Consciência

Amadeu Ribeiro

A visita da verdade
Juntos na eternidade
O amor não tem limites
O amor nunca diz adeus

Reencontros
Segredos que a vida oculta vol.1
A beleza e seus mistérios vol.2
Amores escondidos vol.3

Ana Cristina Vargas
pelos espíritos Layla e José Antônio

A morte é uma farsa
Em busca de uma nova vida
Em tempos de liberdade
Encontrando a paz
Intensa como o mar

O bispo
O quarto crescente
Sinfonia da alma
Loucuras da alma

André Ariel

Surpresas da vida
Em um mar de emoções
Eu sou assim

Carlos Henrique de Oliveira

Ninguém foge da vida
Tudo é possível

Carlos Torres

A mão amiga
Querido Joseph

Eduardo França

A escolha
A força do perdão
Enfim, a felicidade
Vestindo a verdade
Vidas entrelaçadas

Evaldo Ribeiro

Eu creio em mim
O amor abre todas as portas
(pelo espírito Maruna Martins)

Márcio Fiorillo

Nas esquinas da vida

Floriano Serra

A outra face
A grande mudança
Nunca é tarde
O mistério do reencontro
Ninguém tira o que é seu

Gilvanize Balbino
pelos espíritos Ferdinando e Bernard

O símbolo da vida
De volta pra vida (pelo espírito Saul)

Leonardo Rásica

Celeste - no caminho da verdade

Lucimara Gallicia
pelo espírito Moacyr

O que faço de mim?
Sem medo do amanhã

Lúcio Morigi

O cientista de hoje

Marcelo Cezar
pelo espírito Marco Aurélio

A última chance
A vida sempre vence
Coragem para viver
Ela só queria casar...
Medo de amar
Nada é como parece
Nunca estamos sós
O amor é para os fortes
O preço da paz
O próximo passo
O que importa é o amor
Para sempre comigo
Só Deus sabe
Treze almas
Tudo tem um porquê
Um sopro de ternura
Você faz o amanhã

Maura de Albanesi
pelo espírito Joseph

O guardião do Sétimo Portal

Meire Campezzi Marques
pelo espírito Thomas

A felicidade é uma escolha

Mônica de Castro
pelo espírito Leonel

- A força do destino
- A atriz
- Apesar de tudo...
- Até que a vida os separe
- Com o amor não se brinca
- De frente com a verdade
- De todo o meu ser
- Desejo – Até onde ele pode te levar? (pelos espíritos Daniela e Leonel)
- Gêmeas
- Giselle – A amante do inquisidor
- Greta
- Impulsos do coração
- Jurema das matas
- Lembranças que o vento traz
- O preço de ser diferente
- Segredos da alma
- Sentindo na própria pele
- Só por amor
- Uma história de ontem
- Virando o jogo

Rose Elizabeth Mello

- Desafiando o destino
- Verdadeiros Laços
- Os amores de uma vida
- Como esquecer

Sérgio Chimatti
pelo espírito Anele

- Apesar de parecer... Ele não está só
- Lado a lado
- Ecos do passado
- Os protegidos
- Um amor de quatro patas

Conheça mais sobre espiritualidade com outros autores de sucesso.

vidaeconsciencia.com.br /vidaeconsciencia @vidaeconsciencia

Rua Agostinho Gomes, 2.312 — SP
55 11 3577-3200

contato@vidaeconsciencia.com.br
www.vidaeconsciencia.com.br